Fasten

Forum Theologische Literaturzeitung

ThLZ.F 42 (2024)

Herausgegeben von Christoph Markschies
in Verbindung mit Albrecht Beutel, Christfried Böttrich,
Beate Ego, Friedhelm Hartenstein, Ralph Kunz,
Friederike Nüssel, Nils Ole Oermann und
Henning Wrogemann

Ralph Kunz

Fasten

Glauben, der durch den Magen geht

Mit einem Beitrag von Simon Peng-Keller

EVANGELISCHE VERLAGSANSTALT
Leipzig

Ralph Kunz, Dr. theol., Jahrgang 1964, studierte in Basel, Los Angeles und Zürich. Er ist Professor für Praktische Theologie mit den Schwerpunkten Seelsorge, Predigt und Gottesdienst an der Theologischen Fakultät der Universität Zürich, Leiter des Center for the Academic Study of Christian Spirituality der Universität Zürich, Mitglied der Wissenschaftlichen Gesellschaft für Theologie (WGTh), der International Academy of Practical Theology und der Internationalen Gesellschaft für Gesundheit und Spiritualität.

Bibliographische Information der Deutschen Nationalbibliothek
Die Deutsche Nationalbibliothek verzeichnet diese Publikation in der Deutschen Nationalbibliografie; detaillierte bibliografische Daten sind im Internet über http://dnb.dnb.de abrufbar.

© 2024 by Evangelische Verlagsanstalt GmbH, Leipzig
Printed in Germany

Das Werk einschließlich aller seiner Teile ist urheberrechtlich geschützt. Jede Verwertung außerhalb der Grenzen des Urheberrechtsgesetzes ist ohne Zustimmung des Verlags unzulässig und strafbar. Das gilt insbesondere für Vervielfältigungen, Übersetzungen, Mikroverfilmungen und die Einspeicherung und Verarbeitung in elektronischen Systemen.

Das Buch wurde auf alterungsbeständigem Papier gedruckt.

Umschlag: Kai-Michael Gustmann, Leipzig
Coverbild: © Congerdesign – pixabay
Satz: ARW-Satz, Leipzig
Druck und Binden: BELTZ Grafische Betriebe GmbH, Bad Langensalza

ISBN 978-3-374-07523-2 / eISBN (PDF) 978-3-374-07524-9
www.eva-leipzig.de

Vorwort

Dass Jesus als »Schlemmer und Zecher« (Lk 7,34) verschrien war, muss einem, der die Absicht hat, fürs Fasten zu werben, zu denken geben. Ja, Essen und Trinken ist weiß Gott keine Sünde! Aber er, der mit »Sündern und Zöllnern« zu Tische saß, sagte auch: »Ihr könnt die Hochzeitsleute nicht zum Fasten treiben, solange der Bräutigam bei ihnen ist. Es wird aber die Zeit kommen, dass der Bräutigam von ihnen genommen wird; dann werden sie fasten.« (Lk 5,35)

Also gibt es, weisheitlich gesprochen, eine Zeit zum Essen und eine Zeit zum Fasten, ein heiliger Wechsel, der, theologisch gesprochen, in der Tiefe des Ostergeheimnisses seinen Sitz im Glaubensleben hat. Darüber nachzudenken und dazu zu ermuntern, sich darauf (wieder) einzulassen, ist das Ziel dieses Büchleins. Was wünscht man den Leserinnen und Lesern zu einer solchen Lektüre? Wohl bekomm's!

Winterthur, in der Fastenzeit 2024
Ralph Kunz

Für meine Fastengruppe
Anna, Bettina, Binh, David, Deborah,
Florian, Flurina, Gaby, Jan Philipp, Lily,
Sophie und Stefan

Inhalt

Am Fasten festhalten

1. Einleitung 13
   - 1.1 Vom Pilgern zum Fasten 13
   - 1.2 Wille zur Form 15
   - 1.3 Gelebte Religion 19
   - 1.4 Glauben geht durch den Magen 20
   - 1.5 Zum Aufbau des Buches 22

2. Warum sollen wir am Fasten festhalten? 24
   - 2.1 Evangelische Perspektiven 24
   - 2.2 Wenn die Moral vor dem Fressen kommt 27
   - 2.3 Kritische Unterscheidungen 29
   - 2.4 Glaubensreife als Ziel 33

3. Aufs Fasten gekommen – empirische Kost 36
   - 3.1 Fastenforschung – zum Stand der Dinge 36
   - 3.2 Ist Fasten eine religiöse Praktik? 39
   - 3.3 Fasten als außeralltägliche Form gelebter Religion 42

4. Fasten als Ersatz für Erlösung 45
   - 4.1 Plädoyer für eine präzise Begriffsverwendung .. 45
   - 4.2 Ersatz für Erlösung? 48
   - 4.3 Transformation 51

Wille zur Form

5. Die Frage nach der christlichen Lebensform 57
   - 5.1 Kommunikation des Evangeliums 57
   - 5.2 Lebensform als Suchgröße 59

Inhalt

	5.3 Praktiken sind Ausdrucksformen	64
	5.4 Konturen einer christlichen Lebensform in der Spätmoderne	65
6.	Lebensreformbewegung	72
	6.1 Fasten, Pilgern und Schweigen	72
	6.2 Lebensreform	73
	6.3 Diätetische Reform und christliche Form	77
	6.4 Zwischenfazit	78
7.	Fasten – in der monastischen Lebensform	80
	7.1 Das Anliegen	80
	7.2 Fasten als Weg zur Reifung der Person	83
	7.3 Fasten als Schattenarbeit	88
8.	Ringen um das wahre Fasten	91
	8.1 Die Fastenpraxis der frühen Kirche	91
	8.2 Von der wahren und falschen Sättigung	94
	8.3 Reformatorische Kritik	96
	8.4 Kampf gegen Laster	98
	8.5 Bußfasten	103

Kritik der Praktik

9.	Fasten im Schlaraffenland	109
	9.1 Déjà-vu	109
	9.2 Fasten und Hungern	112
	9.3 Die ethische Bedeutung der Laster	115
	9.4 Paradise Lost	117
	9.5 Völlekritik	120
10.	Verzichten und Verdanken	125
	10.1 The Joy of Missing out	125
	10.2 Wie Praktiken helfen, in Form zu bleiben	127
	10.3 Das Leben verdanken	129
11.	Versuchungen	132
	11.1 Die Seele, der Bauch und die Gurgel	132

11.2	Die Versuchung Christi	135
11.3	Warum fastete Jesus?	139
11.4	Versuchung als Glaubensprüfung	141

Impulse für die Praxis

12. Fasten als Pilgerweg – ein Erfahrungsbericht (Simon Peng-Keller) ... 147

- 12.1 Mehrdimensionalität ... 147
- 12.2 Fasten als gemeinsame Pilgerreise ... 149
- 12.3 Ein Fasten-Friedensmarsch von Bad Schönbrunn nach Genf (1996) ... 153
- 12.4 Fasten als Läuterungsweg ... 160
- 12.5 Fasten als »minimal art« ... 163

13. Die fastende Gemeinde ... 165

- 13.1 »Weniger ist mehr« – mehr oder weniger! ... 165
- 13.2 Richtig fasten ... 169
- 13.3 Almosen als Fastenopfer ... 173
- 13.4 Fastenzeit ... 175
- 13.5 Sieben Wochen ohne ... 179

14. Die Bedeutung des Fastens für das Leben der Kirche ... 183

- 14.1 Risiken ... 183
- 14.2 Klärungen ... 185
- 14.3 Evangelische Schlussfolgerung ... 186

Am Fasten festhalten

1. Einleitung

1.1 Vom Pilgern zum Fasten

Dieses Buch schließt an Überlegungen an, die ich 2019 in einem Forum-Band über das *Pilgern* angestellt habe.[1] Jetzt geht es ums Fasten. Was hat das eine mit dem anderen zu tun?

Fasten und Pilgern sind zielgerichtete Praktiken, die uns körperlich in Beschlag nehmen. Beide sind *außeralltägliche Formen gelebter Religion*. Was sie unterscheidet: Beim Fasten leeren wir den Bauch und gehen nach innen, beim Pilgern nehmen wir die Beine in die Hand und suchen das Weite. Was sie verbindet, ist die Absicht, die Glaubenserfahrung durch eine Leibübung zu intensivieren. Die dankbare Anerkennung des göttlichen Heilswirkens durch Jesus Christus »an uns« soll »in uns« nacherlebt werden: beim Fasten als Glaube, der durch den Magen geht und beim Pilgern als Glaube, der sich auf den Weg macht.

Fasten und Pilgern sind auch bei Menschen beliebt, die sich nicht explizit zum Christentum bekennen. Man kann fasten oder pilgern, ohne zu glauben und man kann glauben, ohne zu fasten oder zu pilgern.[2] Ein temporärer Nahrungsverzicht gönnt dem Darm eine Pause, die Langzeitwander-

---

1   Ralph Kunz, Pilgern. Glauben auf dem Weg (ThLZ.F 36), Leipzig 2019.
2   Richard Foster, Celebration of Discipline. The Path of Spiritual Growth, San Francisco 1990, 51: »There simply are no biblical laws that command

1. Einleitung

ung trainiert den Körper. Es ist möglich, aber nicht zwingend, diesen Übungen einen spirituellen Touch zu verleihen.³ Dass der Leib involviert und der Alltag unterbrochen wird, macht beide Praktiken für nichtreligiöse und religiöse Sinnkontexte gleichermaßen anschlussfähig.

In einer entsprechenden Typologie bilden die *explizit religiösen* und *explizit nichtreligiösen* Typen die Pole. An einem Ende lassen sich die gesundheitsbewussten und am anderen Ende die rein religiös motivierten Praktizierenden verorten. Dazwischen finden sich Mischtypen, die die Mehrheit der fastenden wie auch der pilgernden Menschen bilden.[4] Sie können mit der *religiösen Indifferenz* ganz gut leben.[5] Wie sollte es in einer freiheitlichen Gesellschaft, wo jeder und jede nach seiner Fasson selig werden darf, auch anders sein? Und wer wollte im Ernst zurück zu Zeiten, in denen eine Obrigkeit vorschrieb, was man wann (nicht) essen darf!

Der Freiheitsgewinn hat allerdings seinen Preis. Mit der Verabschiedung der sozial geübten Praktik ging die *Form* vergessen.[6] Anders als die unverbindliche Fasson, die jeder für sich praktiziert und anders als die Verformung einer gesetz-

---

regular fasting. Our freedom in the gospel, however, does not mean license; it means opportunity.«

3 Im Anschluss an das Plädoyer für die Leibphänomenologie von Klaas Huizing, Lebenslehre. Eine Theologie für das 21. Jahrhundert, Gütersloh 2022, 37–71 wird hier der Leib als offener Resonanzraum für den Geist verstanden.

4 Vgl. Überlegungen zur Typologie in Kunz, Pilgern (s. Anm. 1), 53–82.

5 Zur herausfordernden Kategorie der Indifferenz vgl. den anregenden Band von Hans-Hermann Pompe/Daniel Hörsch, Indifferent? Ich bin normal. Indifferenz als Irritation für kirchliches Denken und Handeln, Leipzig 2019.

6 Ich verweise an dieser Stelle auf die grimmig humorvollen Mahnungen von Fulbert Steffensky, dass man den Glauben über Formen, Gesten und

lich auferlegten Zucht, die viele drangsaliert, verspricht die Form eine Praxis, die Gott und den Menschen und die Seele und den Leib in Gebet und Solidarität verbinden will.

1.2 Wille zur Form

In diesem Buch geht es also um eine bestimmte Form des Fastens. Wer davon wenig hält und lieber Diät macht, ohne zu beten, wird nicht »getadelt« und wer betet und weniger isst, nicht »geadelt«. Mich interessieren die Gründe, warum es sich lohnt, die losen Enden, die sich in der zeitgenössischen *Fastenpraxis* ausmachen lassen, zu einer *integrativen* Form zu verbinden. Dazu soll differenziert und in evangelischer Perspektive über die Praktik des Fastens nachgedacht werden.[7] Zwei grundlegende Leitdifferenzen sind für die folgenden Überlegungen wichtig:

> Es geht bei Praktiken, die den Glauben nähren, nicht um eine rein individualistische und somit private Angelegenheit, die – mit Blick aufs Fasten doppeldeutig gesagt – nur »meinen Bauch« betrifft, sondern um eine *soziale* Praktik, die uns verbindet, weil sie den Leib

---

Bräuche einüben kann. Das haben die Evangelischen zwar im Kopf begriffen, aber nicht umgesetzt.

7   Die Bestimmung »evangelisch« ist fundamental und radikal gemeint. Das heißt, dass das Evangelium der Gnade Gottes Grund und Kriterium der Aszetik ist. Vgl. dazu Oswald Bayer, Kämpfender Glaube, in: Christian Eyselein/Christel Keller-Wentorf/Gerhard Knodt/Klaus Raschzok (Hrsg.), Evangelische Aszetik. Ein Programm macht Schule, 9–26, 14 f.: »Der Glaube ist ganz und gar das Werk Gottes, das vom Menschen nicht geleistet, sondern nur empfangen und erlitten werden kann.« Also ist »evangelisch« das Vorzeichen jedes frommen Strebens, macht dieses nicht zunichte, sondern richtet es aus auf den Anfänger und Vollender des Glaubens. Mit Oswald Bayer: »Zu der bezeichneten radikalen Passivität des Glaubens steht nun nicht im Widerspruch, dass dieser Glaube geübt – eingeübt und ausgeübt – sein will.« (15)

1. Einleitung

Christi etwas angeht und Gott schon in uns ist, bevor wir in uns gehen.

Es geht bei sozialen Praktiken immer auch um Formen. Die Praktizierenden drücken durch die Form ihren Glauben aus, aber es wird ihnen auch eine Gestalt des gemeinsamen Glaubens vorgegeben. Praktiken sind sowohl expressiv als auch formativ und darin Liturgien ähnlich.[8]

Schaut man auf die traditionelle Fastenpraxis in der Kirche, wird darin ein »Formwille«[9] erkennbar, der sich auf das göttliche Geheimnis in Christus beruft und deshalb in der vorösterlichen Bußzeit ihren Sitz im Glaubensleben hat. Der Verzicht aufs Essen ist eingebettet in Zeiten und in Geschichte, die den Glauben grundieren und orientieren.[10]

Wendet man sich dem zeitgenössischen Fasten zu, werden die Ränder der Form zwangsläufig diffus. Was das Fasten, in dieser Spannung gesehen, phänomenal ausmacht, ist nicht

---

8 Vgl. dazu Manfred Seitz, Die Dauerreflexion über Spiritualität beenden! Entwurf einer Lehre vom christlichen Leben (Evangelische Aszetik), in: Eyselein u. a., Evangelische Aszetik (s. Anm. 7), 27–36, 33. Er sagt dazu »Einkörperung oder das Geheimnis der Gestalt«.

9 Mit dem »Formwillen« spiele ich an auf Wilhelm Stählin, Vom göttlichen Geheimnis, in: »Kirche im Aufbau«, herausgegeben von Christhard Mahrenholz/Wilhelm Stählin/Heinz Dietrich Wendland, Heft 4, Kassel 1936: »Das göttliche Geheimnis Christi ist nicht etwa ein erstes und überragend wichtiges Beispiel in einer Reihe gleichartiger Mysterien, sondern es ist d i e a r c h é, der das Ganze bestimmende und beherrschende Anfang. Er ist das Haupt seines Leibes, von dem aus das Ganze mit einer bestimmten Lebensmächtigkeit durchströmt und in einen bestimmten Formwillen geordnet wird. Christus ist nicht das Beispiel eines allgemeinen religiösen Gesetzes oder gar das Vorbild, das in aller kirchlichen Gestaltung nachgeahmt werden sollte, sondern er ist das Urbild des Mysteriums.« (13)

10 Monika Hoffmann, Religiöses Fasten – noch zeitgemäß?, in: GuL 81 (2008), 143–154, 143, fragt mit Blick auf neuere Fastenbewegungen, ob diese die Kirche neu beleben können. Das ist m. E. schon geschehen.

klar definiert. Umgangssprachlich bedeutet es, sich für eine bestimmte Zeit ganz oder teilweise der Nahrung [zu] enthalten oder auf den Genuss bestimmter Speisen [zu] verzichten«[11]. Es kann aber noch *weiter* gefasst werden und meint dann die Abstinenz von Genussmitteln (z. B. Zigaretten), generell Konsumgütern wie Unterhaltungsmedien (z. B. Fernsehen, Smartphones) oder das Unterbrechen von Gewohnheiten und Routinen. Stefan Krauter plädiert mit Blick auf die neutestamentlich verwendeten Lexeme für Essen und Nicht-Essen dafür, die Grenze zwischen temporärem Verzicht und dauerhaften Formen von Nahrungsaskese wie Alkoholabstinenz oder Vegetarismus nicht zu scharf zu ziehen, aber Phänomene wie ethnisch-kulturelle Ernährungsgewohnheiten oder Vorschriften zum Umgang mit Nahrung (z. B. Mk 7,3 f.) nicht unter das Fasten zu subsumieren.[12]

Das religiöse Motiv in dem, was sich biblisch nicht eindeutig beschreiben und kirchlich nicht mehr vorschreiben lässt, ist also schwer zu fassen. Es herrscht, wen wundert's, beim Fasten ein gewisser Wildwuchs bezüglich der Formen, Motivlagen und Methoden. Diese Vielfalt ist einerseits faszinierend und andererseits verwirrend. Wer danach fragt, *welches Fasten* die Kirche empfiehlt, muss (s)eine eigene Spur in der Tradition suchen und neu legen. Vor allem die Protestantinnen und Protestanten, die das *sola fide* hochhalten und meinen, sie müssten ihren Glauben von jeder Form freihal-

---

11 https://www.duden.de/rechtschreibung/fasten (04.06.2022).
12 Vgl. dazu Stefan Krauter, Fasten im Neuen Testament, in: PTh 112 (2023), 4–19, 5 f. Neben Stefan Krauter haben Heiko Wulfert, Verzicht als Bereicherung. Fasten im Wandel der Kirchengeschichte (20–33), Ralph Kunz, Fasten in übersättigten Zeiten. Reformierte Pointen (34–43) und Hermann Diebel-Fischer, Vom Wurstessen zur Revolution? Zum Versuch einer Selbstbefreiung (44–56) zum Themenheft »Fasten« beigetragen.

1. Einleitung

ten, spüren dabei eine gewisse Verlegenheit. Wer nach Anleitung fragt, wird allein gelassen.[13]

In diesem Buch ist in erster Linie vom Fasten *als temporärem Nahrungsverzicht* die Rede, wie es in der christlichen Tradition *als geistliche Übung verstanden* und in jüngerer Zeit als *Heilfasten* wiederentdeckt wurde. Was konkret damit gemeint ist, von dem erzählt man am besten. Denn die Erzählung stellt klar, was die Erklärung feststellt: Dass man über die Erfahrung auf die Form und durch die Form zur Erfahrung kommen kann. Ich habe deshalb meinen katholischen Kollegen Simon Peng-Keller gebeten, ein Kapitel zu diesem Buch beizusteuern, weil er mehr Erfahrung als Fastender und vor allem als Begleiter von Fastenwochen hat als ich.

Es ist aus praktisch-theologischer Perspektive weder sinnvoll noch zielführend, auf dem weit gespannten Feld zwischen Essen und Vollfasten alle möglichen Typen von Ernährungsstrategien zu thematisieren. Daraus erklärt sich auch der Fokus auf die *kirchliche Form* und darum betone ich das gemeinsame stärker als das einsame Fasten. Was im einzelnen Körper angelegt ist, ist in den Leib der *Glaubensgemeinschaft* hineingelegt. Was dem Körper und der Seele guttut, kann nur *sola fide* verstanden, aber soll besser nicht nur als Solo des Gläubigen praktiziert werden und so mit der Sozialgestalt des Glaubens verwoben und verbunden bleiben.

---

13 Das gilt allerdings nur für Literatur evangelischer Provenienz. Eine theologisch fundierte und geschichtlich informierte Anleitung zum Fasten bietet Niklaus Brantschen, Fasten. Gesundheitlich, religiös, sozial, Lausanne 1987.

1.3 Gelebte Religion

Phänomenologisch betrachtet ist die Gruppe, die fastet, keine geschlossene Gemeinschaft, sondern eine mit unscharfen Rändern. Was die praktische Theologie am *gelebten Glauben* interessiert, wird sie auf dem offenen Feld der *gelebten Religion* verorten wollen.[14]

Es gehört zu den zentralen Aufgaben der *praktischen Theologie*, den gelebten Glauben in der gelebten Religion kritisch zu unterscheiden und die gelebte Religion im Licht des Glaubens zu deuten. Diese Aufgabe ist mit einem Wagnis verbunden, das *evangelische Theologie* eingehen muss: Sie will auf Grundlage des Evangeliums zeigen, was und wie das Fas-

---

14 Nancy T. Ammerman, Finding Religion in Everyday Life, in: Sociology of Religion, Volume 75/2 (2014), 189–207, 194, die amerikanische Religionssoziologin, die das Konzept von »gelebter Religion« wesentlich mitgeprägt hat, definiert das damit verbundene empirische Anliegen so: »The forms of religion we need to be studying are not just located in individual consciousness. The way we understand the presence of every religion in everyday life depends on recognizing it in the social processes where it is created and deployed.« Vgl. auch das Ergebnis einer Metastudie: Nancy T. Ammerman, Lived Religion as an Emerging Field. An Assessment of its Contours and Frontiers, in: Nordic Journal of Religion and Society 29 (2016), 83–99, 83. »Over the last three decades, lived religion has emerged as a distinct field of study, with an identifiable ›canon‹ of originating sources. We find that the field has largely been defined by what it excludes. It includes attention to laity, not clergy or elites; to practices rather than beliefs; to practices outside religious institutions rather than inside; and to individual agency and autonomy rather than collectivities or traditions. Substantively, the focus on practice has encompassed dimensions of embodiment, discourse and materiality; and I argue here that these substantive foci can form the analytical structure for expanding the domain of lived religion to include the traditions and institutions that have so far largely been excluded from study.«

1. Einleitung

ten mit dem Glauben an Gott, auf den sich die Gläubigen ausrichten, zu tun hat. Was wir essen, wie wir uns ernähren, warum wir auf bestimmte Speisen ganz verzichten oder das Essen für eine bestimmte Zeit auslassen, dieser riesige Komplex und zentrale Bestandteil unseres biologischen und kulturellen Lebens, soll nicht nur ein Bauchgefühl bleiben, sondern als religiös hoch relevante Gewohnheiten des Herzens betrachtet werden!

1.4 Glauben geht durch den Magen

Die Schrift hat etwas dazu zu sagen, wie wir uns ernähren und die Tradition hält eine Form bereit, die uns einlädt, das Maß der Nahrung von Zeit zu Zeit zu reduzieren. Beides ist für den Glauben wie fürs Leben im Licht normativer Prämissen zu bedenken und auf dem Hintergrund kulturgeschichtlicher, lebenspraktischer, philosophischer und soziologischer Aspekte des Essens und Trinkens zu prüfen.[15] Grundlegend für den evangelischen Glauben ist eine zentrale Aussage Jesu, die uns die Angst vor dem religiös Unreinen nehmen will: »Es gibt nichts, was von außen in den Menschen hineingeht, das ihn unrein machen könnte; sondern was aus dem Menschen herauskommt, das ist's, was den Menschen unrein macht.« (Mk

---

15 Die Literatur dazu ist uferlos. Ich nenne pars pro toto zwei Werke, die ich besonders interessant finde. Zum einen den Klassiker von Mary Douglas, Reinheit und Gefährdung. Eine Studie zu Vorstellung von Verunreinigung und Gefahr, Frankfurt a. M. (englisches Original: Purity and Danger, 1966). Zum anderen ein neueres Buch: Noam Hertig u. a.: Was ist Religion? Rezepte – Traditionen – Rituale – Tabus, Zürich 2012. Ein interreligiöses Koch-, Sach-, Lehr- und Lernbuch, das neben fundiertem Hintergrundwissen zu Festen, Ritualen, Vorschriften und Reinheitsvorstellungen auch Rezepte zum Nachkochen enthält!

7,15) In dieselbe Richtung zielt auch die Weisung des Paulus, dass alles, auch das Essen und Trinken, zur Ehre Gottes geschehen soll (1Kor 10,31; vgl. Röm 14,14), aber das Reich Gottes nicht im Essen und Trinken besteht (Röm 14,17).

Es ist evident, dass Fragen rund ums Essen und Fasten für den Glauben relevant sind und sowohl als Thema der Religion als auch als Thema der Religionskritik für Stoff und Zoff sorgen. Ob wir zu viel oder zu wenig essen, bewegt die Gemüter, was rein und unrein ist, scheidet die Geister. Auch unter Christinnen und Christen sind diese Fragen virulent. Die Probleme, die sich bei den elementaren Praktiken der Nahrungsaufnahme und des bewussten Nahrungsverzichts aber auch bei der Abstinenz von bestimmten Nahrungsmitteln einstellen, sind für die Glaubensgemeinschaft viel zu interessant, um sie allein den Geschichts-, Kultur- oder Religionswissenschaften zu überlassen. Sie sind sozusagen ein gefundenes Fressen für die praktische Theologie.

Umso drängender ist die Frage, ob und wie die alten Themen des religiösen Fastens zu den neuen Themen rund um gesunde Nahrung, Verzicht und Abstinenz, die das zeitgenössische Essen und Fasten bewegt, zusammenpassen. Und dann regt sich im erzprotestantischen Lager vielleicht immer noch der Verdacht, dass das Fasten zu jenen Praktiken gehöre, die dem Irrweg der Werkgerechtigkeit Tür und Tor öffnen und ein heilloses Durcheinander in der Heilsfrage anrichten. Gerade weil die alten Ängste sich mit neuen mischen können, genügt es deshalb nicht, bei jeder sich bietenden Gelegenheit zu beteuern, dass der Mensch zum Heil nichts *tun kann* und das Essen oder das Fasten nichts mit dem Glauben zu *tun haben darf*.

1. EINLEITUNG

1.5 Zum Aufbau des Buches

Was es mit einem falsch verstandenen Vertrauen in die Praktiken der Selbstdisziplin und einem recht verstandenen Misstrauen gegenüber Taktiken der Disziplinierung auf sich hat, werde ich darum als Erstes eingehender erörtern. Danach frage ich, wie religiös die Menschen sind, die heute fasten und was vom Trend des *zeitgenössischen Fastens* zu halten ist. Im folgenden Kapitel ist von Verschiebungen die Rede, die heute anders über *Erlösung* reden lassen, als es die Christen, die vor uns gelebt haben, gewohnt waren. Mit der »Lebensform« ist eine Kategorie gefunden, die das Asketische des Fastens im größeren Rahmen der praktischen Ethik einzuordnen vermag. Fasten ist demzufolge eine Praktik, die die Gläubigen *üben können*, um spirituell in Form zu bleiben. Die Protestanten schlucken leer bei diesem Gedanken – und werden daran erinnert, dass auch etwas »tut«, wer betet und das Beten als eine asketische *Kernpraktik* gesehen werden kann, durch die wir ein Leben in Gottoffenheit einüben. Jesus war kein Asket. Aber Beten, Fasten und Almosengeben waren auch für ihn Kernpraktiken des geistlichen Lebens.[16]

Beten, Fasten und Almosengeben gehören zusammen. Das war der Herzschlag der jesuanischen »Fastenkritik«, die bei Lichte betrachtet nicht das Fasten, sondern die Herzenshärte der Fastenden kritisiert – eine Kritik, die angefangen bei den Propheten, über die Kirchenväter und die Reformatoren bis heute gehört und erinnert werden muss, um nicht in die

---

16 Jesus war kein Asket – aber auch kein Antiasket. Dazu Angelika Strotmann, Jesus als Asket, in: Andrea Bieler u. a. (Hrsg.), Weniger ist mehr. Askese und Religion von der Antike bis zur Gegenwart, Leipzig 2015, 25–44, 34.

1. Einleitung

Fallen der religiösen Selbstgerechtigkeit zu tappen. Wer der Meinung ist, dass es dem Glaubensleben gut bekommt am Fasten festzuhalten, tut darum gut daran, monastische Vorbilder, aber auch die Zerrbilder, die sich daraus entwickelt haben, einer genaueren Prüfung zu unterziehen. Das wird im zweiten Teil des Buches Thema sein.

Im letzten Teil wage ich den Sprung in die Gegenwart und versuche das, was in der Auseinandersetzung mit der Geschichte aufgefallen ist, in kreativer Treue zur Tradition für das Gespräch mit dem zeitgenössischen Fasten fruchtbar zu machen. Die Fastenzeit im Kirchenjahr bietet dazu einen geeigneten Anknüpfungspunkt. Auf eine kleine Konsumismus-Schelte am Ende wollte ich nicht verzichten. In der fröhlichen Umkehrung des Karnevals frage ich, warum die Schlaraffen dringend eine Diät brauchen, und behaupte mit der Überzeugung des Konvertiten, dass Fasten den wahren Genuss fördert.

Was in diesem Büchlein nicht geboten wird, ist neben vielem anderen, was zu sagen wäre, ein Vergleich der jüdischen, christlichen und islamischen Fastenpraxis. Ein interreligiöses Gespräch über die unterschiedlichen Hintergründe, Motivlagen und Praxisformen in den jeweiligen Traditionen wäre höchst aufschluss- und aussichtsreich. Darauf einzugehen, würde aber den Rahmen der hier versuchten Annäherung sprengen und bleibt anderen vorbehalten.

2. Warum sollen wir am Fasten festhalten?

2.1 Evangelische Perspektiven

Fasten ist eine Verzichtspraktik. Man *unterlässt* etwas, das man normalerweise tut und *übt* etwas, das man normalerweise nicht tut.[17] Im Fasten ist also ein Widerspruch und darum auch ein Widerstand spürbar, den man überwinden muss, wenn man sich darauf einlässt. Willentlich auf Nahrung zu verzichten, dem Hungergefühl nicht nachzugeben und seinen eingefleischten Gewohnheiten zu entsagen, verlangt Disziplin! Man tut, was man eigentlich nicht will, weil man es will. Wer sich zum Fasten entschließt, muss ein wenig leiden; wer das Verzichten übt, an seinem Vorhaben festhalten wollen. Auf diese Festigkeit der Haltung verweist die ursprüngliche Bedeutung von »fasten«.

> »Das Verb *fasten* geht auf das mittelhochdeutsche *vasten* zurück und hat mit dem Adjektiv *fest* zu tun, das wiederum aus mittelhochdeutsch *veste* und althochdeutsch *festi*, *fasti* hervorgegangen ist. Es bedeutet so viel wie ›fest, nahe an, stark, sehr, schnell‹ (man vergleiche dazu englisch *fast*, *fasten*). Dazu gehört das entsprechende althochdeutsche Adverb *fasto*, worauf das Adverb *fast* zu beziehen ist. Das

---

17 Ich frage mich, wie viel Sinn es macht, von »natürlichen Fastenperioden« zu sprechen. Vgl. Bernardo Fritzsche, Religiöses Fasten. Gesundheit für Leib und Seele, Ostfildern 2008, 16. Damit verwischt man den Unterschied vom Regime des Körpers, auf das man sich einstellt und der Übung, die man auf sich nimmt.

2. Warum sollen wir am Fasten festhalten?

Verb *fasten* hatte wahrscheinlich ursprünglich den Sinn: ›an den [Fasten]geboten festhalten‹.«[18]

Der reformierte Theologe sieht in der Herkunft des Wortes einen Steilpass. War doch der Bruch mit dem obrigkeitlich festgelegten Fasten vor ziemlich genau 500 Jahren so etwas wie die Initialzündung der Reformation in Zürich. Ich fühle mich darum in gewisser Weise historisch verpflichtet, die Frage zu stellen: Warum sollen Christenmenschen heute noch am Fasten festhalten?

Vielleicht frage ich besser so: Was entgeht uns für unser Glaubensleben, wenn wir auf die Verzichtsübung verzichten? Denn das konfessionell eingefleischte und theologisch gut begründete Misstrauen gegenüber einem gesetzlich verordneten frommen Werk, das man um Himmels willen auf sich nimmt, soll der Beschäftigung mit einer heilsamen Praktik nicht im Weg stehen! Wenn ich dennoch mit dem Verdacht starte, dient dies in erster Linie der Klarstellung: Natürlich muss von den Reserven die Rede sein, die (nicht nur) in meiner Tradition gegenüber asketischen Praktiken lange Zeit gehegt und gepflegt wurden. Aber die theologische Energie, die in der Kritik der fehlgeleiteten Praktik aufblitzt, wäre schlecht genutzt, wenn sie sich nur durch die Abgrenzungsstrategien der konfessionellen Identität befeuern ließe, anstatt nach dem *katholischen, apostolischen* und darum auch *evangelischen Impetus* der kirchlichen Praktik zu fragen. Erhellender und lohnender als historisches Schattenboxen ist es allemal, den Gründen nachzugehen, die *für* eine evangelisch verstandene Fastenpraxis sprechen und auf dieser Grundlage die Verirrungen zu entwirren, die uns auch heute noch be-

---

18 Aus: https://www.duden.de/sprachwissen/sprachratgeber/Fastenzeit (Zugriff: 06.10.2023).

2. Warum sollen wir am Fasten festhalten?

schäftigen.[19] Darauf soll in diesem Bändchen das Hauptgewicht liegen.

Ein weiterer, auf den ersten Blick trivialer Grund, die Sache praktisch-theologisch anzugehen: Wenn man an etwas festhalten und zugleich alte Feststellungen loslassen möchte, ist die rechte intrinsische Motivation entscheidend. Man muss gute Argumente haben, um sich mit dem Fasten zu beschäftigen, seine Geschichte kennenzulernen und von guten Erfahrungen berichten. Die Versicherung, dass die *Observanz* der Übung noch keine Werkgerechtigkeit ist, macht nicht unbedingt Lust, die Praxis auszuprobieren. Es fällt mir leichter die Pointe der Disziplin zu verstehen, wenn mir die *Relevanz* der Fastenübung bekannt ist. Wozu soll ich fasten? Warum tut es mir gut? Darauf beherzt evangelisch zu antworten ist das Ziel einer theologisch reflektierten Erkundung der Praxis.

Das Kennzeichen »evangelisch« stellt von Anfang an klar, dass es sich beim Fasten nicht um ein *Werk* handeln kann, das *Heil* verspricht, sondern um eine Praktik, von der sich die Praktizierenden eine *heilsame Wirkung* erhoffen dürfen. Wer fastet, tut etwas für seinen Glauben, hofft auf Heilung und weiß doch, dass der Geist dies alles bewirkt. Warum sollte die Gemeinschaft der Gläubigen sonst an dieser Form festhalten? Die Suche nach der richtig verstandenen Form, die einem hilft, am Fasten festzuhalten, lässt sich außerdem ganz prak-

---

19 Ulrike Wagner-Rau, Fasten: Praxis zwischen Religion, Gesundheit und Körperkontrolle, in: Moderne Religionsgeschichte im Gespräch: interreligiös, interkulturell, interdisziplinär: Festschrift für Christoph Elsas zum 65. Geburtstag, Berlin 2010, 396–413, 396 spricht von der attraktiven »Überschneidung und Mischung der Motivationen« und »verschiedenen Möglichkeiten einer inhaltlichen Bestimmung des Fastens«.

tisch verstehen. Wo etwas getan wird, kann es auch *falsch getan* werden. Wie übt man es richtig? Wie vermeidet man ungewollte Nebenwirkungen? Die praktischen Fragen stellen sich bei jeder Praktik und beim sensiblen Thema des Nahrungsverzichts selbstredend in besonders hohem Maß. Wer über längere Zeit fastet, kann es mit dem Verzicht übertreiben oder sich beim Fastenbrechen überessen.[20] Nicht wenige Christinnen und Christen, die ich kenne, sagen, sie würden eigentlich gerne fasten, aber haben einen Heidenrespekt vor den Komplikationen, die es mit sich bringen könnte.

Ist fasten (zu) schwierig?

Die Angst ist wohl eher eine willkommene Ausrede, vermute ich, auf das Fasten zu verzichten, weil es den meisten dann doch an der Lust fehlt, gegen die Unlust anzukämpfen und die Schwelle zu überwinden, die einen daran hindert, sich auf das Experiment einzulassen. Was die praktische Seite angeht, gibt es gute Ratgeberliteratur, die bereitwillig informiert und einhellig bezeugt: Richtig fasten tut richtig gut. Wer die digitale Suchmaschine mit den entsprechenden Fragen füttert, bekommt in Sekundenbruchteilen mehr als genug gute Anleitung, an die sich Fastenwillige halten können. Braucht es den Theologen, einen reformierten noch dazu, um damit klarzukommen?

2.2 Wenn die Moral vor dem Fressen kommt ...

Es fällt auf, wie wenig sich die evangelische Theologie für das Thema Fasten im Generellen und die Praxis im Speziellen interessiert. Das meiste, was dazu publiziert wird, stammt aus

---

20 Ulrike Gebhardt, Gesundheit zwischen Fasten und Fülle. Warum Nahrungsverzicht Gehirn, Geist und Körper jung hält, Berlin/Heidelberg 2019.

2. Warum sollen wir am Fasten festhalten?

katholischer Feder.[21] Das Desinteresse seitens der Protestanten ist insofern bedauerlich, als eine kritische Untersuchung der Versuchungen, die in der gelebten Religion begegnen, einer evangelisch reflektierten Profilierung der Praktik zugutekommen würde. Die Tatsache, dass Fasten eine Verzichtspraktik ist, macht diese anfällig, einer *Moralisierung des Essens* aufzuhocken, die nicht gesund ist.[22]

Zu nennen ist ein quasireligiöser Diät-Hype, der für mein Empfinden einer Teufelsküche gleicht, in der sich weder die Fastenwilligen noch die Fastenunwilligen verirren sollten.[23] Bezeichnenderweise macht sich beim Essen und nicht unbedingt beim Fasten eine neue Gesetzlichkeit bemerkbar. Darf ich alles schlucken, was mir mundet und so viel verschlingen, wie mir guttut? Gibt es unreine Speise, die mich verunreinigt, wenn ich sie verputze? Ist da Ungesundes, das mir verboten ist oder Unethisches, das mich schuldig werden lässt, wenn ich es (trotzdem) genieße?

Wenn die Moral vor dem Fressen kommt, gerät das Fasten unweigerlich ins Fadenkreuz der Ethik. Wie sinnvoll es ist, die religiöse Praktik zu bemühen, wenn es moralisch wird, steht dagegen zur Debatte.[24] Im Kontext spätmoderner Ernährungsstrategien wird das Fasten permanent mit einer Abstinenzpraxis verwechselt, die auf anderes abzielt und anderes bewirken soll als die religiös gestimmte Nahrungskarenz.

---

21 Immer noch zu empfehlen: Niklaus Brantschen, Fasten (s. Anm. 13).
22 https://www.evangelisch.de/inhalte/212698/23-02-2023/kolumne-evangelisch-kontrovers-soll-man-der-passionszeit-fasten (Zugriff: 02.10.2023).
23 Vgl. dazu das Budrich Journal: Du sollst! Du darfst! Ich muss? Zur Moralisierung von Ernährung und Gesundheit, Jg. 3 (2014), https://www.budrich-journals.de/index.php/HiBiFo/issue/view/1284 (Zugriff: 02.10.2023).
24 Ich denke an das sogenannte »Klimafasten«. Vgl. https://klimafasten.de/theologische-impulse/ (Zugriff: 02.10.2023).

2. Warum sollen wir am Fasten festhalten?

Es gibt tatsächlich Essgewohnheiten, die wir der Umwelt zuliebe besser ganz aufgeben oder massiv einschränken sollten. Ich denke an die desaströse Umweltbilanz eines übermäßigen Fleischkonsums. Aber ein abstinentes Essverhalten ist keine *temporäre Verzichtsübung*, sondern eine Frage des verantwortungsvollen Konsumverhaltens.

2.3 Kritische Unterscheidungen

Das Hinterfragen von eingeübten Gewohnheiten ist genauso wie die kritische Prüfung der Praktiken, die wir üben, um Gewohnheiten zu unterbrechen, eine grundlegende Aufgabe der Theologie. Sie besteht biblisch formuliert darin, »alles zu prüfen und das Gute zu behalten« (1Thess 5,21). Man könnte in Erinnerung an reformatorische Schriften auch sagen, es gehe darum, zwischen *falscher* und *wahrer Religion* zu unterscheiden.[25] Man kann bei der Unterscheidungsaufgabe allerdings auf zwei Seiten vom Pferd fallen. Nur das Falsche zu kritisieren, ohne danach zu fragen, wie das Gute geübt, gefestigt und gefördert werden kann, würde der *Orientierungsaufgabe* der Theologie nicht gerecht. Wenn die Praktische Theologie den Praktiken einen größeren Stellenwert beimisst, hilft dies dazu, die Orientierung des kirchlichen

---

25 Vgl. dazu Wilhelm Gräb, Dogmatik als Stück der Praktischen Theologie. Das normative Grundproblem in der praktisch-theologischen Theoriebildung, in: ZThK 85 (1988), 474–492. Die *Unterscheidungsaufgabe* nötigt die Praktische Theologie, sich zwischen Empirik, Dogmatik und Ethik zu verorten. Wer Diskretion bieten muss, kann sich nicht auf das Deskriptive reduzieren. Ich denke hier an die *discretio* des Maßes. Vgl. dazu Gerhard Knodt, Discretio. Drei Wege der Unterscheidung, in: Evangelische Aszetik, 73–88, bes. 78–80 (s. Anm. 7).

2. Warum sollen wir am Fasten festhalten?

Handelns zu erden – was das praktisch-theologische Urteil nicht ersetzt, sondern ergänzt.

Im Rahmen einer zirkulären Theorie-Praxis-Denkbewegung spielen die Praktiken eine wichtige Rolle. Sie sind insbesondere für das eingangs erwähnte religionssoziologische Konzept der gelebten Religion, das vor allem im angloamerikanischen Raum Beachtung gefunden hat, von großer Bedeutung.[26] Von Praktiken zu handeln, erlaubt es, »Religion losgelöst von philosophischen und theologischen Implikationen zu definieren und als Vollzugswirklichkeit zu verstehen, in der ein situativer Vollzug bestimmter Praktiken Religion immer wieder reproduziert«[27].

Es versteht sich von selbst, dass unterschiedliche Formen der *Rezeption* zu einer *Reproduktion* religiöser Praxis führt, die wiederum eine Vielfalt von *Typen religiöser Erfahrung* generiert. Bei populären religiösen Praktiken wie dem Fasten oder dem Pilgern gibt es zwei Blickrichtungen, die aus kirch-

---

26 Neben Nancy Ammerman (s. Anm. 14) ist zu erwähnen: Meredith McGuire, Lived Religion. Faith and Practice in Everyday Life, Oxford 2008; Mary J. Neitz, Lived Religion. Signposts of where we have been and where we can go from here, in: Giuseppe Gordan/William H. Swatos, Dordrecht 2011, 45–55. Im deutschsprachigen Raum wurde das Konzept rezipiert von Wolf-Eckart Failing/Hans-Günter Heimbrock, Praktische Theologie als Theorie Gelebter Religion. Problemhorizonte und Leitbegriffe, in: dies./Thomas A. Lotz (Hrsg.), Religion als Phänomen: Sozialwissenschaftliche, theologische und philosophische Erkundungen in der Lebenswelt, Berlin/Boston, 2001, 15–45.

27 Zitiert aus Patrick Heiser, Zur Popularität einer (religiösen) Praktik, in: Zeitschrift für Religion, Gesellschaft und Politik 5 (2021), 53–79, 74, der hier rekurriert auf: Frank Hillebrandt, Die Soziologie der Praxis und die Religion – ein Theorievorschlag, in: Anna Daniel/Franka Schäfer/Frank Hillebrandt/Hanns Wienold (Hrsg.), Doing Modernity – Doing Religion, Wiesbaden 2012, 25–60, 51.

2. Warum sollen wir am Fasten festhalten?

licher Perspektive interessant sind. Erstens das *christliche Profil der Praktik*, das am Beispiel der hochreligiösen Praktikerinnen und Praktiker erläutert werden kann und zweitens die *Breitenwirkung der Praktik*, die weniger profiliert und vielfältiger motiviert ist. Im Blick auf beides können die *Differenzen* zwischen dem hochschwellig religiösen und dem niederschwellig zeitgenössischen Fasten herausgearbeitet werden. Man wird dabei dem praktisch-theologischen Urteil nicht entrinnen können. Sowohl in der »Spitze« als auch in der »Breite« lässt sich auch Problematisches ausmachen. Mit Blick auf die religiös hochmotivierten Fastenden fragen wir etwa: Wann kippt das Intensive ins Rigide? Und mit Blick in die andere Richtung fragen wir: Wann wird eine Diätübung quasireligiös zum wahren Fasten überhöht? Wann geriert das Ganze zu einer Alibiübung?

Das Urteil, was guttut und was nicht, kann dort, wo ein möglicher *Missbrauch der Praktik* vorliegt, durchaus scharf ausfallen.[28] Die Beurteilung des *Gebrauchs der Praktik* darf aber nicht auf eine Verurteilung der Praktizierenden hinauslaufen. Die Unterscheidung des falschen und wahren Fastens ist u. a. auch von der Absicht geleitet, die Motive der Fastenden besser zu verstehen und zu lernen, was sie sich von der Praktik erhoffen.

---

28 Michael Rosenberger, Fasten – Klärung durch Versuchung, in: Orientierung in pluraler Gesellschaft. Ethische Perspektiven an der Zeitenschwelle (Festschrift zum siebzigsten Geburtstag von Bernhard Fraling), Freiburg Schweiz 2019, 222–243, 241: »Wenn das Fasten als dynamischer Prozess verstanden werden muss, dann ist es kein Selbstzweck; es steht vielmehr im Dienste geistlicher Erfahrungen und Wachstumsprozesse. Wo das Fasten zum Ziel wird und nicht mehr Weg und Mittel im Dienste eines anderen ist, muss das zu Missbrauch und geistlichen Verbiegungen führen.«

2. Warum sollen wir am Fasten festhalten?

Nun ist es einmal so, dass nur eine Minderheit der Fastenden einen expliziten Bezug zu den religiösen Themen herstellen. Julia Koll will dennoch von einer *geistlichen Praktik* sprechen und betont weniger den Missbrauch als den Gebrauch der Praktik – nicht ohne auf den Kontext einer Verdünnung des *Brauchtums* hinzuweisen. Das Fehlen des religiösen Bezugs hat wesentlich damit zu tun, dass sich das Fasten als spätmoderne geistliche Übung aus dem Zusammenhang mit dem Osterfest herausgelöst hat. Was phänomenologisch den Unterschied macht, ist nicht der Unverträglichkeit der Themen geschuldet, also dem Umstand, dass hier Gesundheit und da Religion im Vordergrund stehen. Die Wahrnehmung der unterschiedlichen Akzente, die Fastende setzen, sind denn auch weniger »Kritikpunkte« an einer verfehlten und verflachten Praxis, sondern vielmehr als eine Gelegenheit zu sehen, Anschlussstellen zu erkennen, um das Evangelium zu kommunizieren – und mögliche Kommunikationsbarrieren zu orten. Ich finde Julia Kolls Kennzeichnung des spätmodernen Fastens diesbezüglich sehr erhellend:

> »Es lebt nicht aus dem Gegensatz von Fasten und Feiern, sondern vom normalen Alltag und außergewöhnlicher Fastenzeit. Noch wichtiger: Es handelt sich dabei offenbar nicht mehr um eine zeichenhafte Praxis; das, worum es geht, geschieht im Fasten selbst. Daher verwundert es auch nicht, dass die evangelische Wiederentdeckung und -belebung der Fastenzeit auf die gottesdienstliche Feierpraxis der Passionszeit oder des Osterfestes bisher kaum zurückgewirkt hat.«[29]

Die Suche nach dem theologisch *recht verstandenen Fasten* wäre darum gänzlich missverstanden, wenn man daraus

---

29 Julia Koll, »Ich tue mir nichts an, ich gönne mir etwas«. Fastenzeit als spätmoderne geistliche Übung, in: PTh 49 (2014), 18–21, 21.

eine Kritik an *falsch praktizierenden Fastenden* heraushören wollte. Wenn dafür geworben wird, den verlorenen Zusammenhang wieder stark zu machen, ist ein erkenntnisleitendes Interesse im Spiel, dass das traditionelle Fasten nicht nur beschreiben und schon gar nicht abschreiben möchte. Dazu rät auch der theologische Instinkt, in der Tradition einen Erfahrungsschatz zu sehen. Es geht beim Fasten nicht nur um unser religiöses Bauchgefühl, sondern um eine hochsensible Stelle unserer Leibexistenz. Wenn die Kritik der Praktik dazu dient, dieser elementaren Leibdimension unseres Lebens mehr Aufmerksamkeit zu schenken und dazu beiträgt, noch einmal nachzufragen, was es mit dem Fasten auf sich hat, hat sie ihren Zweck erfüllt.[30]

2.4 Glaubensreife als Ziel

Kritisches Nachdenken und kreative Treue zur Tradition bilden keinen Widerspruch. Fragen wir also: Warum sollen wir am Fasten festhalten? Was ist das »Gut«, um dessentwillen die Fastenden am Fasten festhalten wollen?

Bei einer geistlichen Übung legt sich das biblische Bild der »Frucht des Geistes« (Gal 5,22 f.) nahe. Es ist das Ziel jeder geistlichen Praktik, auf den Weg der Heiligung und d. h. zu

---

30 Ich beziehe mich hier auf Rahel Jaeggi, Kritik der Lebensformen, Berlin 2014. In ihrem Entwurf einer Theorie von Lebensformen geht es darum, Lebensformen, d. h. die Fragen, wie wir individuell oder kollektiv unser Leben führen, vom privaten Bereich der nicht weiter hinterfragbaren Präferenzen zurück in den ethischen Diskurs zu leiten. Über Geschmack lässt sich nicht mehr streiten. Rahel Jaeggi hingegen behauptet: Über Lebensformen lässt sich mit Gründen streiten, weil sie mehr als Geschmackssache sind. Lebensformen sind als Ensembles sozialer Praktiken auf die Lösung von Problemen gerichtet.

2. Warum sollen wir am Fasten festhalten?

einer *Glaubensreife* zu gelangen. Was Paulus den »Wandel im Geist« oder »Leben aus dem Geist« nennt, zeigt sich in der Absicht, dem »Geist zu folgen« (Gal 5,25), strebt nach Gütern, die den Geistgeleiteten um ihrer selbst willen erstrebenswert vorkommen.

Geht es also darum? Dass man die Fastenwoche mit dem Vorsatz startet, am Ende reifer als am Anfang zu sein? Der Protestant protestiert: Besteht nicht gerade *darin* die Freiheit der Christenmenschen, dass sie darauf verzichten, heiliger werden zu wollen, als sie es in Christus schon sind?

Man kann es übertreiben – auch mit der protestantischen Sündendialektik! Allemal freier und fröhlicher ist, vom Perfekt des Heils aus nach Heiligkeit zu streben. Dann – aber wirklich nur dann – hat das »Heiligwerden-Wollen« seine tiefe Berechtigung, wenn es den »Geist des Anfangs« wachhält und Bitte bleibt. Wenn ich also in der Reife nicht den Lohn für meine Anstrengung sehe, sondern den *Geschmack* der Freundlichkeit (1Petr 2,3) schmecke, der sich in der gereiften Frucht voll entfaltet. Es ist die Reife, die mit der Klärung und dem Prozess der Läuterung kommt, jene Fülle der Aromen, die den gut gekelterten und richtig gelagerten Weinen ihren unvergleichlichen Charakter verleihen, eine Reife, die *Genuss* verspricht, weil sie die Balance von Säure und Zucker schmecken lässt.

Weil geistliches Leben heißt, *im Geist* zu wandeln, können wir die Frucht des Geistes nicht selbst pflücken. Sie fällt uns auch nicht in den Schoss. *Glaubensreife* ist ein Streben, aber Christen sind keine Streber. Reife ist das, was Christen bei *anderen* Christen sehen und nicht das, was mir im Spiegel entgegenschaut. Wir nennen andere heilig, nicht uns selbst. Es ist der andere, der mir zum Ansporn wird, *Christus* ähnlicher zu werden, um seine Reife, Demut und Weisheit zu er-

2. Warum sollen wir am Fasten festhalten?

langen, nicht als Einzelkämpfer, sondern in der Gemeinde. Wer andern erklärt, er oder sie faste, um ein besserer Christ zu werden, muss sich nicht wundern, wenn das andern in die Nase sticht. Bei einem Käse würde das Urteil lauten: überreif![31]

---

31 Paulus vergleicht Glaubensreife bezeichnenderweise mit der Fähigkeit, feste Speise zu ertragen (1Kor 3,2 f.) und dem Wohlgeruch Christi (2Kor 2,15).

3. Aufs Fasten gekommen – empirische Kost

3.1 Fastenforschung – zum Stand der Dinge

Der Mitgliederschwund der großen Kirchen hat 2022 ein neues Rekordhoch erreicht und sowohl innerkirchlich als auch in säkularen Medien zu Kommentaren Anlass gegeben. Was bedeutet es für die Kirche, fragt Reinhard Bingener in der Frankfurter Allgemeinen, wenn erstmals weniger als die Hälfte der Deutschen Mitglied in einer der beiden großen Kirchen sein werden?[32] Hat es zur Konsequenz, dass die Kirche davon Abstand nehmen muss, sich als gesellschaftlich maßgebliche Institution und Instanz für die Lebensführung zu verstehen? Welcher Anspruch verknüpft sich mit der Rede einer christlichen Lebensform, wenn mehr als die Hälfte der Bevölkerung sich zum Lager der Konfessionslosen zählt oder Angehörige nichtchristlicher Religionen sind? Welche Funktion haben in diesem Komplex die Praktiken?

Die Sozialwissenschaften können die Fragen nicht schlüssig beantworten, vermögen aber etwas dazu sagen, wie verbreitet und beliebt religiöse Praktiken wie Fasten oder Pilgern in der Bevölkerung sind. Und Fasten liegt im Trend! Die hohe Attraktivität der gesundheitlichen und leibästhetischen Motive tragen natürlich zur Popularität des Etwas-Fastens bei.[33]

---

32 Was der Mitgliederschwund für die Kirchen bedeutet (faz.net) (Zugriff: 05.04.2023).

3. Aufs Fasten gekommen – empirische Kost

Wie verhält sich der Erfolg der Nahrungszucht zum Megatrend der Kirchenflucht?

Die Forschungsgruppe Weltanschauungen in Deutschland (fowid) präsentiert auf ihrer Homepage verschiedene Studien, die belegen, dass rund ein Viertel der deutschen Bevölkerung in der Fastenzeit auf etwas verzichtet, die Mehrheit davon aus gesundheitlichen Gründen.[34] Eine neuere repräsentative Umfrage des Marktforschungsinstituts YouGov hat die Zahlen bestätigt. Laut dieser Umfrage plant knapp jeder vierte Deutsche (24 %), die Fastenzeit zu nutzen, um auf etwas zu verzichten – davon 11 % »bestimmt« und 13 % »vielleicht«.[35] Der Trend, auf Genussmittel und Konsum zu verzichten, hält im Vergleich zu früheren Umfragen unvermindert an. Die Gründe des Verzichtens sind bei den Fastenden unterschiedlich, haben aber kaum etwas mit religiöser Motivation zu tun. Knapp drei Viertel der Befragten (72 %) entscheiden sich aus *Gesundheitsgründen* für den temporären Verzicht: Sie wollen sich und ihrem Körper etwas Gutes tun.

Zu vergleichbaren Zahlen kommt auch eine Studie der Forsa-Gesellschaft im Auftrag der Krankenkasse DAK. Seit 2012 werden jährlich zu Beginn der Fastenzeit rund 1000 randomisiert ausgewählte Personen in Deutschland befragt. Der Anteil derjenigen, die bereits einmal in ihrem Leben gefastet haben, ist zwischen 2012 und 2023 von gut der Hälfte auf knapp zwei Drittel der Bevölkerung gestiegen. Im Ergebnisbericht 2023 wird festgehalten:

---

33 Julia Koll, Osterfrömmigkeit (s. Anm. 29), 19.
34 https://fowid.de/meldung/fasten-religioesen-oder-gesundheitlichen-gru enden (Zugriff: 19.03.2023).
35 Für die Umfrage hat das Marktforschungsinstitut YouGov 2060 Bundesbürger ab 18 Jahren im März 2019 online befragt. Vgl. https://www.pres seportal.de/pm/22265/4210756 (Zugriff: 19.03.2023).

3. Aufs Fasten gekommen – empirische Kost

> »Der Trend zum Fasten ist auch nach dem Ende der Corona-Einschränkungen ungebrochen: 63 % der bundesweit Befragten halten es für gesundheitlich sinnvoll, mehrere Wochen gezielt auf Genussmittel oder Konsumgüter zu verzichten. [...] Die mit Abstand meisten Menschen wollen auf Alkohol, Süßigkeiten und Fleisch verzichten. Digitale Medien und Internetkonsum reduzieren wollen dagegen deutlich weniger Befragte als im Vorjahr. Insgesamt verhält sich rund jeder Fünfte nach dem Ende der Corona-Einschränkungen gesünder als zuvor.«[36]

Dass die wenigsten Menschen einen expliziten Zusammenhang zwischen ihrer Verzichtsübung und der religiösen Bedeutung der Fastenzeit herstellen, erstaunt nicht. Man kann es (als religiöser Mensch) konsterniert zur Kenntnis nehmen oder darüber nachdenken, wie der gesundheitliche Impuls mit dem Anliegen des *ganzheitlichen Fastens* verknüpft werden kann. Anknüpfungspunkte gibt es: Fastenkalender, Fastenopfer und Fastenaktion spielen in beiden großen Volkskirchen eine wichtige Rolle. Hier ist für einmal tatsächlich von einer kirchlichen *Erfolgsgeschichte* zu sprechen. Dank der Popularität der Verzichtsaktionen »Sieben Wochen ohne« bleibt die Fastenzeit in der säkularen Öffentlichkeit präsent. In vielen Kirchengemeinden und Pfarreien gibt es einerseits Fastengruppen, die für eine Woche vollfasten, andererseits schließt das, was auf den Fastenkalendern steht, an der Tradition der prophetischen Kritik am falschen und der Mahnung zum »wahren Fasten« (Jes 58,1–12) an. Zu keiner anderen Zeit wird die Kirche mit ihren Themen mehr wahrgenommen als in den Wochen vor Ostern (siehe Kap. 13.4).

---

36 https://www.dak.de/dak/bundesthemen/nach-drei-jahren-pandemie-fasten-weiter-hoch-im-trend-2608428.html#/ (Zugriff: 06.04.2023).

3.2 Ist Fasten eine religiöse Praktik?

Die richtige und wichtige Beobachtung, dass von einer Verflüssigung oder gar Verflüchtigung des Religiösen im zeitgenössischen Fasten ausgegangen werden kann, aber immer noch eine Präsenz der Tradition erkennbar ist, verlangt nach einer differenzierteren Betrachtung. Eine 2021 publizierte Studie von Patrick Heiser liefert dafür eine fundierte Grundlage. Heisers Leitfrage lautet, inwiefern das Fasten auch unter den säkularen Bedingungen der späten Moderne und auch beim Vollzug jenseits konfessioneller Kontexte als religiöse Praktik verstanden werden kann.[37]

Die Daten der Untersuchung wurden während der vorösterlichen Fastenzeit im Jahr 2020 mittels einer offenen standardisierten Online-Befragung erhoben.[38] Die Ergebnisse decken sich weitgehend mit den Resultaten der Forsa-Studie 2023. Ein Befund ist besonders aufschlussreich: Rund zwei Drittel der Befragten halten an den traditionellen Fastenzeiten fest. Die »institutionell verbrieften Fastenzeiten mit langer Tradition erfüllen für die Befragten eine kontingenzmindernde Funktion«[39]. Die vorösterliche Fastenzeit hat so gesehen eine vergleichbare Funktion für die fastenden wie der St. Jakobsweg für pilgernde Menschen. Es fällt den Fastenden leichter, mit dem Fasten zu beginnen und es bis zum Ende durchzuziehen. Allerdings nennen und bekennen nur 17 % eine religiöse Fastenmotivation. Auch dieses Ergebnis deckt sich mit Erkenntnissen der Pilgerforschung.[40]

---

37 Im Folgenden beziehe ich mich auf Patrick Heiser, Fasten (s. Anm. 27).
38 Zu den abhängigen und unabhängigen Variablen, Heiser, a. a. O., 61–63.
39 A. a. O., 64.
40 Vgl. Patrick Heiser/Christian Kurrat (Hrsg.), Pilgern gestern und heute.

3. Aufs Fasten gekommen – empirische Kost

Zusammenfassend zeigen sich gemäß Heiser drei Konstanten des zeitgenössischen Fastens in Deutschland: eine große Popularität des temporären Verzichts auf Genussmittel, eine subjektbezogene Fastenmotivation und eine fastenbedingte Steigerung des körperlichen Wohlgefühls.[41] Diese drei Konstanten werden von soziodemographischen Merkmalen ebenso wenig beeinflusst wie von der Religiosität oder der Konfessionszugehörigkeit. Andere Motivationen werden hingegen von identifizierbaren Faktoren determiniert, wie eine weitergehende Untersuchung der Determinanten zeigt. Auffällig ist hier: Während das Vorliegen einer religiösen Fastenmotivation stark von der Konfessionszugehörigkeit und der Religiosität einer Person abhängig ist, zeigt sich gleichzeitig, dass die individuelle Religiosität einen deutlich stärkeren Einfluss als die formale Mitgliedschaft hat – oder pointierter formuliert:

> »Nur wer ohnehin schon religiös war, wird während des Fastens noch religiöser [...]. Je höher die Religiosität einer Person, desto wahrscheinlicher ist eine Fastenerfahrung, desto häufiger wird während traditioneller Fastenzeiten gefastet, desto wahrscheinlicher ist eine religiöse Fastenmotivation und desto häufiger ist die Religiosität während des Fastens gesteigert.«[42]

Was ist von diesem Befund zu halten? Wie ist das Ergebnis zu interpretieren? Man könnte von der Tatsache, dass nur eine Minderheit der Befragten *expressis verbis* eine religiöse Motivation für ihr Fasten äußert, das Fazit ziehen, dass zeitge-

---

Soziologische Beiträge zur religiösen Praxis auf dem Jakobsweg, Reihe Soziologie, Bd. 77, Berlin ²2014.
41 Heiser, Fasten (s. Anm. 27), 68.
42 A. a. O., 70 f.

3. Aufs Fasten gekommen – empirische Kost

nössisches Fasten als säkulare Praktik zu begreifen ist.[43] Das würde zum Deutungsmuster passen, das auch in anderen Bereichen der öffentlichen Wahrnehmung religiöser Praxis und in den eingangs erwähnten Kommentaren zu den Kirchenaustrittszahlen häufig auftaucht. Fällt der explizite Bezug zur Religion weg, liegt der Schluss nahe, dass sich die Praktik aus dem religiösen Kontext herausgelöst, ja, dass dieser sich aufgelöst hat. Dieser Deutung hält Heiser indes entgegen: »Die Klassifikation einer beobachtbaren Praktik als religiös bzw. nicht-religiös muss [...] auf einer analytisch-interpretativen Ebene erfolgen.«[44]

Eine Einordnung des Phänomens, die auf das Verhältnis von Fasten und Religion achtet, muss *integrativer* ansetzen.

Hier greift das Konzept der *gelebten Religion*, weil mit ihm vermieden wird, subjektive Deutungen und individuelle Semantiken im Direktgang als Forschungsergebnisse zu übernehmen. Es sind drei Befunde, die dafür sprechen, Fasten dennoch als eine *religiöse Praktik* wahrzunehmen:

> »[E]rstens die persistente Verbindlichkeit der von Konfessionen proklamierten Fastenzeiten, die dazu führt, dass die Mehrzahl der Befragten in traditionellen Zeiträumen fastet; zweitens, dass mehr als zwei Drittel der Befragten fasten, um sich seelisch besser zu fühlen (wobei die Sorge um die Seele klassischerweise in den Zuständigkeitsbereich von Religion fällt), und drittens, dass Konfessionszugehörigkeit und Religiosität den weitreichendsten Einfluss auf zentrale Aspekte zeitgenössischer Fastenpraktiken ausüben.«

---

43 A. a. O., 73.
44 Ebd.

3.3 Fasten als ausseralltägliche Form gelebter Religion

Folgen wir dem Ansatz der gelebten Religion, ist klar, dass Fasten als selbstbestimmte Praktik auf vielfältige Weise mit den institutionalisierten Formen von Religion verwoben bleibt. Im Unterschied zum organisationssoziologischen Forschungsansatz, der »religiöse Praxis als eine Applikation und nicht als eine eigenlogische Aneignung von Riten, Überzeugungen, Dogmen, Symbolen oder Glaubenslehren«[43] versteht, achtet das Konzept der gelebten Religion auf Praktiken und Praxisformationen, die in allen Gesellschaftsbereichen der Lebenswelt vorkommen. In dieser Perspektive wird »Religiosität« nicht auf »Religion« als einem distinkten und funktional definierten Feld der Gesellschaft eingeschränkt, sondern in die *Alltagspraxis* eingebettet – eine Fokuserweiterung, die allerdings neue blinde Flecken erzeugen kann.

Richtet sich die Aufmerksamkeit nur auf alltägliche Routinen, versperrt dies den Blick auf *außeralltägliche* religiöse Praktiken, zu denen auch Pilgern und Fasten zählen. Denn »[e]rst ein temporärer Charakter mit definierten Anfangs- und Endpunkten ermöglicht es dem/der Fastenden, von alltäglichen (Konsum-)Gewohnheiten zurückzutreten«[46]. Fastende und pilgernde Menschen unterbrechen die Routine. Fasten ist so gesehen das Gegenstück, wenn auch nicht der

---

45 Rainer Schützeichel, Kontexte religiöser Praxis. Religion im Kontext – Religion in Context, in: Annette Schnabel/Melanie Reddig/Heidemarie Winkel (Hrsg.), Handbuch für Wissenschaft und Studium, Baden-Baden 2018, 85–102, 94, zit. aus: Heiser, Fasten, a. a. O., 74.

46 A. a. O., 75.

Gegensatz zum *Festen*, als der zweiten substanziell religiösen Unterbrechung des Alltagslebens.[47]

Die institutionelle Rahmung des Fastens mindert die Kontingenz der individuell gestalteten religiösen Praktik. Menschen halten daran fest, weil es ihnen hilft, Unterbrechungen zu praktizieren. Der Pakt zwischen Institution und Person hält, solange sich die Institution zur Selbstbestimmtheit und Freiheit der fastenden Personen bekennt und solange diese ihrerseits mit der traditionellen Fastenzeit vertraut sind. Dahinter ist auch eine simple ökonomische Logik am Werk, die vor allem in einer Mangelwirtschaft spielt. Wer in einer Situation der Knappheit ein Fest feiern will, muss es sich vom Mund absparen. Wer nicht fastet, kann nicht festen.

Das religiöse Moment hat demnach ganz wesentlich mit dem Umstand zu tun, dass beim Fasten Routinen unterbrochen und dadurch Zeit gestaltet werden kann.[48] Als religiöse Praktik ist Fasten *populär* »durch ein wechselseitig konstitutives Zusammenspiel von selbstbestimmter Gestaltung und individuellem Vollzug einerseits sowie von evidenzsichernder Tradition und institutioneller Rahmung andererseits«[49].

Ich vermute darum, dass ein Gespräch über den *geistlichen Gehalt* der Praktik am besten bei den Erwartungen anknüpft, die sich mit dem Außeralltäglichen verbinden. Im Blick ist dann das »Ganze« und nicht nur ein »Teil«. Was ich

---

47 Dahinter ist auch eine simple ökonomische Logik am Werk, wie sie in jeder Mangelwirtschaft eine Rolle spielt. Wer in einer Situation der Knappheit ein Fest feiern will, muss sich den Überfluss vorher vom Mund absparen. Jeden Tag ein Ei auf die Seite – dann wird Ostern ein Fest!

48 Vgl. dazu Kristian Fechtner, Evangelische Spiritualität im Kirchenjahr, in: Peter Zimmerling, Handbuch der Spiritualität, Band 3: Praxis, Göttingen 2020, 357–373.

49 Heiser, Fasten (s. Anm. 27), 75.

mir von einer Praktik für mein Leben erhoffe, ist das entscheidende Momentum, um Gewohnheiten nicht nur zu hinterfragen, sondern dem eigenen Gewohnheitstier die Zügel anzulegen. »Unterbrechung« mag die »kürzeste Definition von Religion« (J.-B. Metz) sein, aber ein qualitatives Urteil darüber, was religiös beinhaltet, liefert sie nicht. Schließlich kann auch mit okkulten Praktiken der Alltag unterbrochen werden. Nicht jede außeralltägliche Form gelebter Religion tut uns gut. Was das Gute ist, das ihm guttut, will das Individuum prüfen, was die Kirche damit zu tun hat und weshalb ihr Zeugnis davon verlässlich ist, muss sich ihm erst noch zeigen.

4. Fasten als Ersatz für Erlösung

4.1 Plädoyer für eine präzise Begriffsverwendung

Fasten ist in aller Munde, aber nicht alle haben dasselbe im Sinn, wenn sie davon reden. Die inflationäre Verwendung des Begriffs fördert Missverständnisse und fordert eine Klärung, die für die praktisch-theologische Interpretation der Ergebnisse der empirischen Fastenforschung von Bedeutung ist. Welche *Praxis wird anvisiert*, wenn wahre und falsche Religion unterschieden werden? Wie sieht die integrale Form aus, auf die eine religiöse Fastenpraxis zielt? Es gilt das *idealtypische Ineinander* der geistlichen, sozialen und körperlichen Funktionen der Praktik und das *typische Durcheinander* der unterschiedlichen Bedeutungen zu unterscheiden.

Es fällt auf, dass die populäre Fastenaktion »Sieben Wochen ohne« eigentlich eine Abstinenzübung ist. Unter »Abstinenz« ist die Enthaltung von bestimmten Nahrungs- und Genussmitteln oder Konsumgewohnheiten zu verstehen, während das Fasten eine Beschränkung der Speisemenge meint. Eine zeitlich unbegrenzte Abstinenz ist medizinisch betrachtet eine *Karenz*, die sich bei einer Nahrungsmittelunverträglichkeit oder bei einem gesundheitsgefährdenden Suchtverhalten nahelegen. Eine Karenz auf sieben Wochen zu beschränken, macht in beiden Fällen wenig Sinn. Was die Fasten- und Abstinenzübung verbindet, ist der selbstauferlegte *temporäre Verzicht*. Hinsichtlich der *Motivation* sind

4. Fasten als Ersatz für Erlösung

Überschneidungen zum Fasten denn auch möglich. Zu unterscheiden ist aber die Intention. Wer sich auf ein Heilfasten oder Vollfasten einlässt, macht eine *intensive Erfahrung der Nüchternheit*. Das kann eine therapeutische oder präventive Wirkung haben, soll aber dennoch nicht mit einer Diät verwechselt werden. Wer sich bestimmter Nahrungsmittel enthalten will (oder muss) und andere Nahrungsmittel, wie zum Beispiel Rohkost, bevorzugt, hat sich für eine gesunde Lebensweise entschieden, aber nicht zwingend diese Nüchternheitserfahrung im Sinn.

Wenn beides unter einem *weiten Fastenbegriff* abgehandelt werden soll, stellt sich die Frage, welches Ziel einen *Subtypus* des Fastens jeweils charakterisiert. Zu sagen, sieben Wochen ohne elektronische Medien sei ein »digitales Fasten«, macht in dieser Weite besehen zwar Sinn, aber es hat den Preis, dass es die Praktik phänomenal überdehnt, entleert und sich sein materialer Kern auflöst. Aus dem Fasten wird eine Tugendübung. Es wird spiritualisiert und moralisiert.

Ich plädiere für einen rigideren Wortgebrauch und schlage vor, unter »Fasten« die *kirchlich tradierte Praktik des temporären Nahrungsverzichts* zu verstehen.

Damit ist das Problem der Spiritualisierung und Moralisierung freilich noch nicht vom Tisch. In der kirchlichen Tradition dienen die aszetischen Praktiken in erster Linie der Stärkung und Heilung des *inneren Menschen*. Von der spezifisch christlichen *Versuchung*, das Fasten mit anderen Methoden zusammen in den Rang einer »Spiritualitätsreligion« zu erheben, muss noch die Rede sein (Kap. 11). Halten wir hier fest: Die durch das Fasten erhoffte Intensivierung des geistlichen Innenlebens insistiert darauf, dass sie über die *Innereien* zustande kommt und die entscheidende Frage ist, wie die damit gegebene *Leiberfahrung* zu interpretieren ist – im

4. Fasten als Ersatz für Erlösung

doppelten Sinne des Wortes: Wie man besser verstehen kann, was man tut, wenn man fastet und wie man das Fasten am besten umsetzt, wenn man verstanden hat. Geht es darum, dass die Fastenden über den Körper hinweggehen und in ihrer Bedürftigkeit einen *Feind* sehen, den es zu überwinden gilt?

Aus Sicht einer evangelisch verstandenen gesunden Fastenpraxis wäre genau das ein fatales und fundamentales Missverständnis. Im Begriff des »Heilfastens«, der auf Otto Buchinger zurückgeht, findet sich darum beides: Das religiöse Moment verbindet sich mit dem gesundheitlichen.[50]

In der Geschichte des christlichen Fastens war aber das Missverständnis prägender als das Verständnis. Diesen Schatten zu verschweigen, wäre falsch, aber darin zu verharren und nur auf den Missbrauch zu zeigen, würde das Heilsame übersehen, das dazu führte, dass das Fasten immer wieder »neu« entdeckt wurde. Es gab schon im Mittelalter Vorläufer des Heilfastens, die als Vorbilder für ganzheitliche und körperfreundliche Konzepte die Fastenbewegung im 20. Jahrhundert neu inspiriert haben. Die Verbindung der medizinischen Aspekte und geistlichen Motive finden sich beispielsweise bei der Mystikerin und benediktinischen Äbtissin Hildegard von Bingen.[51] Sie regt an, christlich verstandenes »Fasten« im tieferen Zusammenhang des *erfüllten Lebens* zu sehen, eine Sehnsucht, die auch in zeitgenössischen Ausweitungen zu entdecken ist.

---

50 Otto Buchinger, Das Heilfasten und seine Hilfsmethoden als biologischer Weg, Stuttgart ²⁴2005. Zur Schlüsselrolle von Buchinger siehe in diesem Band das Kapitel von Simon Peng-Keller.

51 Vgl. dazu Lydia Reutter, Heilfasten nach Hildegard von Bingen. Leib und Seele reinigen, Baden/München 2006, 22. Der »Heilsanspruch« der Methode wird (ziemlich vollmundig) beschrieben: »Erst im Zusammenspiel von körperlicher und geistig-seelischer Dimension kann das Fasten seine

4. Fasten als Ersatz für Erlösung

4.2 Ersatz für Erlösung?

Für eine theologisch reflektierte Fastenpraxis stellt sich die Frage, wie die körperliche Übung mit der christlichen Idee der *Erlösung des Leibs*, die keine *Erlösung aus dem Leib* sein will, idealtypisch zusammengedacht werden kann. »Erlösung«, »Heil« und »ewiges Leben« sind zentrale Begriffe der Dogmatik, die – zumindest Evangelische – im ersten Anlauf nicht an *Aszetik* denken lassen. Und wer Aszese in den Mund nimmt, dem kommt dabei nicht Erfüllung in den Sinn. Die mit einem aszetischen Programm gegebenen theologischen, anthropologischen und ethischen Resonanzen verweisen eher auf einen Problemzusammenhang. Diesen zu sehen, ist für die Diskussion des Fastens relevant.[52]

Man muss mit Günter Thomas und Markus Höfner wohl fragen, ob die Erlösungsreligion am Ende oder im Umbau begriffen ist, wenn schon eine kursorische Sichtung der protestantischen Theologie in westlichen Gesellschaften der Gegenwart erkennen lässt, ...

> »[...] dass die Semantik der Erlösung für die religiöse Selbstbeschreibung der traditionellen Glaubensgemeinschaften immer weniger Prägekraft hat und zunehmend durch Semantiken der Lebensbegleitung und eines innerweltlichen Heil- und Ganzwerdens ersetzt wird.«[53]

---

heilbringende Wirkung voll entfalten. Der Mensch wird auf allen Ebenen wieder ›heil‹ und ›ganz‹.«

52 Im Folgenden inspiriert von Günter Thomas/Markus Höfner, Ende oder Umbau einer Erlösungsreligion? Eine Problemexposition, in: dies. (Hrsg.), Ewiges Leben. Ende oder Umbau einer Erlösungsreligion? Tübingen 2017, 1–18.

53 A. a. O., 1.

4. Fasten als Ersatz für Erlösung

Die Ersetzung sorge dafür, dass anstelle einer klassisch-theologischen Kontrastierung des *endlichen Lebens* zum *ewigen Lebens* alternative Konzepte des Übergangs treten. In der traditionellen Vorstellung ist der sterbliche Leib eine Station auf dem Weg zu einem jenseitigen Ziel der Erlösung, in neueren Vorstellungen *verschiebt* sich Erlösung vom Jenseitigen ins Diesseitige und folglich von der Seele zum Leib hin. Um zu verstehen, was diese Verschiebung impliziert, ist die idealtypische Unterscheidung von drei Erlösungsmodellen hilfreich. Wird Erlösung als *Vollendung* verstanden, muss der Übergang von einem unfreien Zustand A zu einem freien Zustand B kontinuierlich erfolgen, wird Erlösung als *heilsame Transformation* begriffen, können Überschneidungen gedacht werden. Endliches und ewiges Leben greifen ineinander. Wird Erlösung mit dem Schema einer *Substitution* erklärt, liegt der Akzent auf dem Bruch. Grundsätzlich kann der Ausgangspunkt im Übergang zum Zustand B »in verschiedener Weise affirmiert, verwandelt oder abgestoßen werden«[54].

Die Unterscheidung der drei Modelle erlaubt eine präzisere Verortung dessen, was ich eine *religiös ungesunde* Fastenkonzeption nennen möchte. Gemeint ist damit die starke Verbindung von Endlichkeit und Sünde, die in *Körperfeindlichkeit* mündet. Fasten wäre in dieser Konzeption ein Kampf (und Krampf) gegen die natürlichen Triebe des Leibes. Das Ziel, sich durch ein Training der Enthaltsamkeit abzuhärten, mag in einer militärischen Ausbildung Sinn machen, aus geistlicher Sicht ist es unsinnig. Wird die Übung als Wegbereitung zur Erlösung religiös überhöht, richtet sie sich ge-

---

54   A. a. O., 2.

4. Fasten als Ersatz für Erlösung

gen das endliche Leben und negiert die für das Menschsein grundlegende Leibexistenz.[55]

Der modernitätstypische Umbau von der Erlösung zur Lebensbegleitung in der christlichen Religion geht deshalb aus nachvollziehbaren Gründen mit einer *antiaszetischen Tendenz* einher. Das zeigt sich u. a. auch in populärkulturellen Karikaturen der monastischen Aszetik, in denen das geistliche Anliegen der Enthaltsamkeit ausschließlich in den Problemzusammenhang der Lust- und Leibfeindlichkeit gestellt wird. Priester, Nonnen und Mönche werden als Menschen karikiert, die der Welt entsagen und auf sinnliche Freuden verzichten, sich womöglich geißeln und kasteien, um sich den Himmel zu verdienen. Aber auch in den protestantischen Varianten rigider Frömmigkeitsstile kommt der Verdacht auf, dass ein Leben in der Nachfolge Jesu mehr Saures als Süßes zu bieten hat. Das »Puritanische« ist sprichwörtlich für eine lustfeindliche Lebensführung, die den Luxus verachtet. Man hat die Triebe unter Kontrolle, ist fleißig, sparsam, bescheiden und übt sich in der Zucht. Christenmenschen sind in dieser Karikatur einer innerweltlichen Askese die ultimativen Spaßbremsen, weil sie nach dem Himmelsreich trachten.[56] Die streng puritanische Selbstbeherrschung steht der streng mönchischen in nichts nach. Mit Blick auf die drei Erlösungsmodelle wäre die Koppelung mit dem *Substitutionsmodell* dafür verantwortlich.

---

55 Vgl. dazu Hans-Martin Rieger, Leiblichkeit in theologischer Perspektive, Stuttgart 2019.
56 In Anspielung auf Max Webers berühmte These, dass es einen Zusammenhang zwischen der innerweltlichen Askese und dem wirtschaftlichen Erfolg der Protestanten gebe, in: »Die protestantische Ethik und der Geist des Kapitalismus« (1905).

Der antiaszetische Impuls hat also durchaus seine Berechtigung und es hat auch etwas Befreiendes, wenn »die Akzente innerhalb der Modelle von Erlösung als Vollendung und heilsame Transformation entschieden auf das Präsens und das Diesseits verschoben«[57] werden. Hier wie dort gilt aber auch *abusus non tollit usus*. Selbst in der Verzeichnung der Askese lassen sich die Kennzeichen einer gesunden Askese noch erahnen. Sie leiten von der diagonalen Resonanz auf die Spur der vertikalen Resonanz im Präsens und Diesseits.[58]

4.3 Transformation

Vertikale, horizontale und diagonale Resonanzachsen bilden die drei Dimensionen in Hartmut Rosas räumlich gedachtem Modell der gelingenden Beziehungen von Subjekt und Welt im Sinne des »guten Lebens«. Der resonanztheoretische Rahmen erlaubt es, die Vorstellung eines erfüllten oder guten Lebens mit der Vorstellung eines soteriologisch verstandenen »ewigen Lebens« zu koppeln. Die Front ist nicht Religion versus Nichtreligion, sondern die Frage, ob Begegnungen, intensive Erfahrungen und Beziehung erlebt wird oder der Weltbezug stumm, feindlich und verzweckt bleibt. Was zwischen zwei (oder mehr) Menschen in Liebes- und Familienbeziehungen oder Freundschaften geschieht, ist horizontale Resonanz, was sich in Beziehungen zu Dingen und Tätigkeiten ereignet wird als diagonale Resonanz bezeichnet. Mit vertikalen Resonanzachsen sind Beziehungen zu den großen Kol-

---

57 Thomas/Höfner, Ewiges Leben (s. Anm. 52), 4.
58 Vgl. dazu Hartmut Rosa, Resonanz. Eine Soziologie der Weltbeziehung, Berlin 2016.

4. Fasten als Ersatz für Erlösung

lektivsingularen gemeint: die Natur, die Kunst, die Geschichte oder die Religion.

Die Gottesbeziehung und das, was oben als Reife beschrieben wurde, allein der vertikalen Achse zuzuordnen, wäre aus theologischer Warte betrachtet ein fataler Kurzschluss. Versteht man unter dem ewigen Leben ein qualitativ gesteigertes und intensiviertes Leben, ist es (auch) ein Erleben der Gegenwart Gottes im Hier und Jetzt. Das Fasten wäre in der Resonanzlogik weniger die Verzichtsübung, um zu büßen und für Esssünden zu sühnen, sondern besser als Methode verstanden, die zur Steigerung und Intensivierung des Gotterlebens führt.

Auch die Absturzgefahr lässt sich resonanztheoretisch beschreiben. Wird das Fasten instrumentalisiert, erzeugt es keine Resonanz. Dann ist es ein Mittel, um einen Zweck zu erfüllen, zum Beispiel die »Ausweitung der psychischen und sozialen Kontrolle, der Macht und des Bewusstseins«[59] und eine erhöhte Selbstmächtigkeit zu bewirken.

Es gilt darum durchzubuchstabieren, was das Fasten als Praktik zu einer Erfüllungserfahrung beitragen kann. Rosas Resonanztheorie wahrt Distanz zu einer technisch verstandenen Selbst- und Weltbeherrschung. Die Konvergenz zur theologisch verstandenen Praktik ist offensichtlich: Es gibt keinen Trick, wie man zur *heilsamen Transformation* kommen kann. Das ist auch die Pointe der Glaubensrede. Wer fastet, vertraut auf die Geistkraft, die in der Christuswirklichkeit wirksam wird und fällt nicht in den Erfüllungs- und Erwartungsdruck, am eigenen Leib das Heil schon hier und jetzt zu erfahren. Die Praktiken der Lebensführung verweisen auf

---

59 Oliver Freiberger, Art. Fasten/Fastentage I. Religionsgeschichtlich, in: RGG⁴ Bd. 3, 2000, 40.

den Leib als »Schnittstelle zwischen irdisch-endlichem und ewigem Leben«, aber widersprechen der quasireligiösen Fantasie, es sei möglich, den privaten Körper als Raum für ultimative Erfahrung auszunutzen. Thomas und Höfner fassen eine solche Position wie folgt zusammen:

> »Im Aufbau eines sozial verfassten geistigen und geistlichen Leibes (soma pneumatikon) gewinnt dabei [...] das ewige Leben im irdischen Leben Gestalt, und dies geschieht sowohl durch Akte der Liebe, schöpferische Selbstzurücknahme zugunsten anderen Lebens, als auch die prophetische Suche nach Wahrheit und Gerechtigkeit und in liturgisch-gottesdienstlicher Kommunikation. Das ewige Leben als Gestalt der Erlösung findet sich so in einem Handeln einschließenden, aber übergreifenden Formzusammenhang.«[60]

Was muss man sich unter einem »übergreifenden Formzusammenhang« vorstellen?

---

60 Thomas/Höfner, Ewiges Leben (s. Anm. 52), 14 f. – hier verweisend auf Michael Welker, Theologische Annäherungen an die Rede vom ›Ewigen Leben‹, in: Evangelische Theologie 76/5 (2016), 336–344.

Wille zur Form

5. Die Frage nach der christlichen Lebensform

5.1 Kommunikation des Evangeliums

Um die Verwendung des Begriffs der »Form« zu erklären, ist eine Vorbemerkung und eine Einschränkung nötig. Mit Christian Grethlein sehe ich im Leitbegriff der »Kommunikation des Evangeliums« eine einleuchtende und einfache Formel für den Auftrag der Kirche. Praktische Theologie ist wie systematische oder biblische Theologie eine *Denkgestalt des Glaubens*, aber sie hat die *Lebensgestalt* zum Gegenstand, insofern sie die Wirklichkeit und das Wirken Gottes aus der Perspektive der *Beteiligten* thematisiert.[61] Man kann im Vis-à-vis der Menschen, die Gott suchen, nicht aus der Distanz eines Beobachters theologisieren. Zu theologisieren bedeutet, aus der Perspektive des Glaubens in den Prozess der Kommunikation des Evangeliums involviert zu sein und diese Lebensgestalt als *Form* zur Sprache zu bringen. Form ist etwas, das *verstanden, beschrieben* und *praktiziert* werden kann, also nicht absolut gilt, sondern sich hermeneutisch, kritisch und praktisch als *relevant* erweisen muss. Die Form gibt dem Glauben eine Fassung. Sie macht ihn verstehbar, kritisierbar und praktizierbar.

---

61 Ingolf Dalferth, God first. Die reformatorische Revolution der christlichen Denkungsart, Leipzig 2018, 197.

5. Die Frage nach der christlichen Lebensform

Gottes Wirklichkeit und Wirken erschließt sich wesentlich durch die Form des Wortes. Sich von Gott angesprochen zu wissen und sich der Gegenwart Gottes durch sein Wort zu vergewissern, ist aber kein isolierter Lebensbereich, weil Religion kein »Extrafach« und religiöse Sprache »kein Spezialissimum wie die Ableitung der dritten minoischen Kultur« ist. Die Wortfrömmigkeit zielt, wie Dorothee Sölle es formuliert, auf Lebensfrömmigkeit, Ausdruck für den Wunsch, ganz zu sein, mit dem ganzen Herzen zu leben und sich gerade nicht als Spezialist zu behaupten. »Die Religion zieht mich nicht aus dem Ganzen heraus, sondern lässt mich gerade nach ihm Ausschau halten und sein Fehlen vermissen.«[62]

Auf dieses Ganze zielt das Evangelium als Ursprungsimpuls des christlichen Glaubens. Also hat die Kommunikation des Evangeliums die gesamte Lebenspraxis im Blick. Praktische Theologie ist folglich die theologische Reflexion der Evangeliumskommunikation *für die christliche Lebenspraxis*, für alle, die qua ihres Glaubens beteiligt sind und kein Reservat der pastoralen Praxis. Wer bei der Kommunikation des Evangeliums ansetzt, will diese Engführung vermeiden. So an- und einzusetzen, macht aber auch skeptisch gegenüber einem Verständnis der religiösen Lebenspraxis, das den Glauben nur als Botschaft thematisiert *auf kognitive Sätze* reduziert. Denn ein Glaube, der nur eine Theorie für den Kopf und nicht auch Praxis für den Leib wäre, würde die lebensverändernde Weite und Tiefe des Evangeliums verpassen. Eine praktische Theologie, die sich am Auftreten, Wirken und Geschick Jesu orientiert, sieht in seinem Leben mehr als Dogma. Sie identifiziert auch Pragma und leitet daraus formative Impulse ab. Der Glauben an Jesus *formt* das Lebensganze, weil es

---

62 Dorothee Sölle, Es muss doch mehr als alles geben, Wien 2006, 111.

5. Die Frage nach der christlichen Lebensform

eine Vorstellung davon vermittelt, wie wir miteinander feiern, voneinander lernen und einander helfen wollen. Wie ist dieses Ganze, von dem auch Sölle spricht, zu fassen?

5.2 Lebensform als Suchgrösse

Ich knüpfe bei Christian Grethleins Versuch an, die Kommunikation des Evangeliums durch eine begriffliche Näherbestimmung der *christlichen Lebensform* zu konkretisieren.[63] Der Begriff der »Lebensform« macht sowohl den für die Evangeliumskommunikation konstitutiven Zusammenhang von Form und Inhalt als auch den Zusammenhang von Individualität und Sozialität geltend.[64] Das erkenntnisleitende Interesse gilt dem, »was Christen in der Unterschiedlichkeit ihrer Lebenssituationen und -stile gemeinsam ist und damit auch verbindet bzw. verbinden kann«[65].

Das *beobachtbar Gemeinsame der Kommunikation des Evangeliums im Leben von Menschen* ist ein heuristisches Konstrukt, das erlaubt, geschichtliche und gegenwärtige Lebensformen des Christseins als Gesamtgestalt zu erfassen und untereinander zu vergleichen. Um die Suchgröße

---

63 Christian Grethlein, Christsein als Lebensform. Eine Studie zur Grundlegung der Praktischen Theologie, Leipzig 2018, 18 f.
64 In ähnlicher Weise bestimmt auch Martin Laube »Lebensform«. Vgl. Martin Laube, Religion als Praxis. Zur Fortschreibung des christentumssoziologischen Rahmens der EKD-Mitgliedschaftsstudien, in: Heinrich Bedford-Strohm/Volker Jung (Hrsg.), Vernetzte Vielfalt. Kirche angesichts von Individualisierung und Säkularisierung. Die fünfte EKD-Erhebung über Kirchenmitgliedschaft, Gütersloh 2015, 35–49, 46: »Bei Lebensformen handelt es sich um Ensembles sozialer Praktiken, ›eingelebter‹ Verhaltensweisen und normativer Orientierungen, die ethisch-moralische Spielräume für bestimmte Weisen der Lebensführung eröffnen und umgrenzen.«
65 Grethlein, Lebensform (s. Anm. 63), 20.

5. Die Frage nach der christlichen Lebensform

»Christsein als Lebensform« genauer zu bestimmen, wählt Grethlein drei exemplarische Textbeispiele in der Christentumsgeschichte aus: Augustins *Confessiones*, Martin Luthers *Kleiner Katechismus* und Friedrich Schleiermachers *Reden über die Religion*. Der Vergleich dieser unterschiedlichen Ansätze, christliche Lebensform für eine bestimmte Zeit und in seinen vielfältigen Lebensbezügen zu formulieren, liefert den problemgeschichtlichen Hintergrund, um die von Jesu Auftreten, Wirken und Geschick ausgehenden Grundimpulse in Beziehung zum *gegenwärtigen Kontext* zu setzen.[66] Wir leben nicht mehr in der Spätantike, in der beginnenden Neuzeit oder an der Schwelle zur Moderne. Wir fragen, wie die Nachfolge Jesu in der Spätmoderne glaubwürdig und lebensfreundlich praktiziert werden kann.

Ein geschichtsbewusstes Verfahren, wie es Grethlein vorschlägt, bewahrt davor, die biblischen Grundimpulse *direkt* ins Hier und Heute übertragen zu wollen. Wer im Durchgang durch die Geschichte nach einer sachgerechten Lebensform des Christlichen für die Gegenwart fragt, wird sich der historischen Distanz zwischen der Zeit Jesu und unserer Zeit samt den Generationen dazwischen bewusst. Nur von einer »Übersetzung« von etwas Altem in etwas Neues zu sprechen, griffe deshalb zu kurz. Wir fragen mit einem *historisch-kritischen Bewusstsein*, wie wir die Lebensform des Glaubens in heutigen Verhältnissen zeitgerecht verstehen und sachgerecht praktizieren können.

Wie wichtig das ist, wird konkret, wenn man einer bestimmten Praktik wie dem Fasten nachgeht. Zum einen, weil nicht erst das zeitgenössische Fasten, sondern zum anderen auch schon das antike Fasten mit nicht genuin religiösen

---

66 A. a. O., 21.

5. Die Frage nach der christlichen Lebensform

Sinnkontexten verknüpft und in ein größeres *Ganzes* eingebettet war.[67] Wir halten, wenn wir nach dem Nutzen der Praktiken für die gute Lebensform fragen, Ausschau nach Verknüpfungen und Einbettungen von Praktiken im Kontext sich ständig wandelnder Lebenswelten und gesamtkultureller Konstellationen – und bleiben skeptisch, wenn damit überzogene Erwartungen verknüpft sind. Denn die Vorstellung, dass es möglich sei, die »alte Lebensform« in eine »neue Lebensform« zu übersetzen, macht ein falsches Versprechen. Im »Zeitalter der Authentizität« kann eine »Lebensform« nur bedingt als *Lebensnorm* propagiert werden.[68] Das heißt: Was formen soll, muss als Lebensform erkennbar und kritisierbar bleiben und d. h. als *Suchgröße* bestimmt und kommuniziert werden.[69]

Die Kommunikation des Evangeliums, die nach der Lebensform *fragt*, ist tastendes Reden, abduktiv und nicht deduktiv, *weil* sie sich auf das urchristliche Bekenntnis der Auferweckung des Gekreuzigten beruft, dem »Bekenntnis zur schöpferischen Gegenwart der Liebe Gottes, die alles neu, gut, wahr und recht macht«[70]. Der kritische Durchgang durch die geschichtlich manifesten Lebensformen des Christlichen findet in der Glaubensüberzeugung folglich nicht zu einer Sicherheit, die sagt, was richtig und falsch ist, sondern

---

67 Das gilt auch für die Moderne. Vgl. dazu Heiser, Fasten (s. Anm. 27), 73: »Es wäre zu kurz gegriffen, frühmodernes Fasten als religiöse Praktik zu begreifen, spätmodernes aber nicht.«

68 Reiner Anselm, Ethik im Zeitalter der Authentizität, in: ZEE 58 (2014), 83–86.

69 Vgl. dazu die Überlegung, ob Lebensformen lernen können, in: Helen Jaeggi, Kritik der Lebensformen (s. Anm. 30), 327–331.

70 Ingolf Dalferth, Auferweckung. Plädoyer für ein anderes Paradigma der Christologie, Leipzig 2023, 23.

5. Die Frage nach der christlichen Lebensform

zur Gewissheit, dass auch im gegenwärtigen Kontext geistreiche Formen des guten Lebens *gefunden* werden können. Wir *haben* die Form nicht, wir *finden* sie, weil Gottes Geist die Suche leitet.

Darum eignet sich das Konzept der *Lebensform* gut, um die Funktion und Bedeutung des Fastens für das gegenwärtige Glaubensleben kritisch-konstruktiv zu diskutieren. Wenn das, »was Christen in der Unterschiedlichkeit ihrer Lebenssituationen und -stile gemeinsam ist«, als eine *Lebensform* im Singular verstanden wird, können die Lebensformen im Plural und d. h. insbesondere die Praktiken, die zum Christsein gehören, einem größeren Bild zugeordnet werden. Denn es sind die diversen Übungen, die dem Feiern, Lernen und Helfen im Geist des Evangeliums Gestalt geben und den Glauben im Leben festigen. Von einer *Übung* zu sprechen, impliziert immer ein Wollen, ein selbstbestimmtes und intentionales Handeln.[71] Und das macht einen wesentlichen Unterschied zum »Geübtwerden« durch Ereignisse des Lebens.[72] Zwar kann beides eine Verhaltens- und Einstellungs-

---

[71] Selbstreflexivität und Selbstermächtigung sind zentrale Marker religiöser Praxis in der Spätmoderne. Vgl. dazu Wilfried Gebhardt/Martin Engelbrecht/Christoph Bochinger, Die Selbstermächtigung des religiösen Subjekts. Der ›spirituelle Wanderer‹ als Idealtypus spätmoderner Religiosität, ZRelWissenschaft 13 (2005), 133–152.

[72] *Lebensform* als ein Ensemble von sozialen Praktiken ist nicht mit *Lebensführung im Horizont der Lebenskunst* zu verwechseln. Gemeint ist die Selbstgestaltung des Lebens, d. h. die Fähigkeit, sein Leben in relativer Autonomie zu *führen* und nicht nur dahinzuleben. Vgl. dazu Wilfried Engemann, Aneignung der Freiheit. Lebenskunst und Willensarbeit in der Seelsorge, in: WzM 58 (2006), 28–48, 35. Bei der Lebenskunst geht es um den Umgang mit dem, was das gewöhnliche Leben beschert, das Banale, das Schöne, auch Krise und Krankheit zu ertragen und zu genießen. Es ist »die Kunst, unter vorgegebenen Bedingungen ein nicht vorgegebenes

5. Die Frage nach der christlichen Lebensform

änderung bewirken, aber in der Übung wird die Charakterbildung *methodisch* angestrebt. Die Zielvorgabe der ganzheitlich verstandenen christlichen Glaubensformation ist also immer das größere Ganze einer Lebensform, *durch die* und *in* der die Bedeutung der körperbezogenen Praktiken bestätigt, aber zugleich auch relativiert und korrigiert wird, weil Leben aus dem Glauben immer ein *Mehr* verspricht, das alles übersteigt, was wir aus unserem Leben machen können.[73]

Ein gutes Leben, das sich dem Glauben verdankt, verspricht eine Fülle, die wir uns nicht selbst geben und einen Segen, über den wir nicht selbst verfügen können. Wenn von der *Lebensform des Glaubens* die Rede ist, muss das Verhalten und die Haltung der Christen Thema werden. *Form* ist mit Rolf Oerter gesprochen das, was die komplexe Verhaltensdisposition zusammenfasst und deren kognitive, affektive und effektive Dimensionen auf ein Entwicklungsziel ausrichtet.[74] Form ist folglich nichts Starres, sondern in der *Dynamik* gehalten, die der Gemeinschaft Halt gibt und ihre Haltung fördert. Sie ist die *Suchgröße*, die die Glaubenden dazu anstiftet, in der kreativen Treue zum Ursprungsimpuls

---

Leben zu führen, indem ich in Auseinandersetzung mit meinen Möglichkeiten und Grenzen einerseits und meinen Wünschen andererseits einen Spielraum erkenne und auf der Basis eigener Urteile freie Entscheidungen treffe, die meinen Willen widerspiegeln und mich in meinem Verhalten bestimmen« (32).

73 So auch Roger Mielke, Gemeinde als Ort von Spiritualität, in: Handbuch für Spiritualität, Bd. 3: Praxis, Göttingen 2020, 43–60, 55: »In der Gemeinde verortete Spiritualität kann als ›Lebensform‹ des Glaubens beschrieben werden, in die Menschen hineinwachsen, indem sie lernen, die Sprache[n] des Glaubens zu sprechen.«

74 Rolf Oerter, Moderne Entwicklungspsychologie, Donauwörth 1974, 227–307.

nach dem sachgerechten und zeitgemäßen formativ verstandenen *Ausdruck* des Glaubens zu fragen. Diese Ausdrucksdimension der Glaubenspraxis »ist nicht nur Wahrnehmung des Praktisch-Werden Gottes in der Welt, sondern auch Wahrnehmbar-Machen dieser Gotteswirklichkeit durch das Handeln der Menschen«[75].

5.3 Praktiken sind Ausdrucksformen

Christsein zeigt sich und bezeugt sich in bestimmten Praktiken. Wer glaubt, formt sein Leben nach einem *Muster*, übt sich in *Ausdrucksformen*, singt, betet und geht auf Gottes Wegen, hört Gottes Wort, salbt, segnet, tut Gutes, fastet und pilgert. Stefan Altmeyer bringt es auf die Formel *fides quaerens expressionem*.[76] Praktiken sind einerseits *Expression* und andererseits *Formation*, weil sie den Glauben verleiblichen. Sie machen sichtbar, »dass zum Ausdruck gebrachte Wahrnehmungen im christlichen Sinn immer eine handelnde Praxis bedeuten als eine bestimmte Lebenshaltung, als eine Praxis des Menschen, die in theopraktischer Reziprozität mit dem Handeln Gottes in Wechselwirkung steht«[77].

Glaubende *geben* ihrer Überzeugung eine wahrnehmbare Gestalt und *finden* den Glauben in der Gestalt, die als Ausdruck von Anderen gegeben ist, schon vor. Dass Formen eine expressive *und* eine formative Funktion haben,[78] macht Prak-

---

[75] Stefan Altmeyer, Von der Wahrnehmung zum Ausdruck, Stuttgart 2006, 367. Vgl. Bernd Schröder, Fides quaerens expressionem. Frömmigkeit als Thema der Praktischen Theologie, in: PTh 6 (2002), 169–197.

[76] Altmeyer, a. a. O., 376, hier auf Schröder, a. a. O., 174, hinweisend.

[77] A. a. O., 375.

[78] Mielke, Gemeinde als Ort (s. Anm. 73), 54: »In markanter Differenz zu Schleiermachers einflussreicher Handlungstheorie sind Praktiken nicht

tiken, die nach einer neuen Form in überlieferter Form suchen, verlässlich. Das Vorgeformte legt *Spuren*, die zum »Wandel im Geist« einladen. Sie lassen Geist spüren, aber sind selbst nicht Geist, sondern *leiten* zu Übungen, in denen die Lebensrelevanz des überlieferten Glaubens für die Lebensgestaltung hier und heute *geistvoll* erfahren werden kann.

Das schließt die Möglichkeit mit ein, dass man sich auch verrennen kann. Deshalb ist und bleibt die Unterscheidung der Geister ein Kerngeschäft der Theologie. Es ist der *Denkgestalt des Glaubens* aufgetragen, wahre und falsche Religion zu unterscheiden. Die protestantische Theologie hat viel Übung darin, die Differenzen von Werk und Glaube, Geschöpf und Schöpfer oder Gesetz und Evangelium im Ganzen einer kirchlichen Dogmatik miteinander zu vermitteln. Sie ist weniger geübt darin, die Leibgestalt des Glaubens im Ganzen einer kirchlichen Praktik zu bedenken. Darauf zielt die Rede von der Lebensform!

5.4 Konturen einer christlichen Lebensform in der Spätmoderne

Christsein im 21. Jahrhundert baut auf den Erfahrungen und Überzeugungen der Generationen auf, die in der Nachfolge Jesu ein Leben im Glauben geführt haben. Als eine Gemeinschaft der Praktizierenden, die sich auf die Bergpredigt beruft, weiß die Kirche um »die rechte Richtung des Herzens

---

als ›Ausdruck‹ eines ›Inneren‹, als ›darstellendes Handeln‹ beschreibbar. Sie sollen vielmehr begrifflich den Vorrang einer leibhaft verfassten und über Alltagsroutinen vermittelten Teilhabe an überindividuellen Sozialformen markieren. Praktiken werden, der Praxistheorie folgend, den Körpern und der Psyche ›eingeschrieben‹ und formen auf diese Weise ›Subjekte‹, die an ›Lebensformen‹ teilhaben.«

als entscheidendes Problem der besseren Gerechtigkeit«[79]. Ob Fasten und Almosengeben dem Leben dienen, entscheidet sich an der Herzenshaltung und macht damit eine kritische Orientierung geltend, die jede Praktik im Kontext und Horizont einer christlichen Lebensform begleitet. Praktiken sind kein Selbstzweck, sondern eine selbstbestimmte und selbstkritisch geübte Tugend.[80]

Wie die verschiedenen Traditionslinien der Fastenpraxis, die das faszinierende und durchaus schillernde Profil dieser Praktik ausmachen, je und je gebündelt werden, ist keine Frage, die von einer theologischen Jury entschieden wird. Hilfreicher als ein hartes »Richtig« und »Falsch« sind Kriterien, wie sie Stefan Altmeyer ausformuliert hat.[81] Aufgabe der Theologie ist es, ein Bildungsangebot zu machen, das denen, die frei wählen dürfen und gleichzeitig zum Wählen gezwungen sind, Hilfestellungen gibt.[82]

---

79 Ulrich Luz, Das Evangelium nach Matthäus, EKK I/1, Neukirchen-Vluyn 2002, 429.

80 Wagner-Rau, Fasten (s. Anm. 19), 405.

81 Altmeyer, Wahrnehmung (s. Anm. 75), 377 nennt Kriterien, die dazu anleiten, Qualitäten zu benennen und Zerrformen zu erkennen. Das *Kairologiekriterium* fragt nach einer zeitgerechten Anverwandlung, das *Kommunikationskriterium* überprüft Ausdrucksformen gelebten Glaubens mit Blick auf die Vermittlung gemeinschaftlicher und individueller Praxis, das *Reflexionskriterium* fragt nach Wandlungen, die theologisch reflektierbar und das *Nachfolgekriterium* nach Wandlungen, die auf den initiierenden Ausdruck Gottes in Jesus Christus ansprechbar sind; das *Ausdruckskriterium* sucht im gelebten Glauben ein stimmiges und authentisches Bild lebenspraktischer Umsetzung christlicher Interpretamente.

82 Vgl. Miroslav Volf/Matthew Croasmun, For the Life of the World, Grand Rapids 2019 – die deutsche Übersetzung: Miroslav Volf/Matthew Croasmun, Für das Leben der Welt. Ein Manifest zur Erneuerung der Theologie, Glaube und Gesellschaft, Bd. 8, Münster 2019, 25.

5. Die Frage nach der christlichen Lebensform

Ob das Heilfasten, die ethisch motivierte Verzichtsübung oder das Interesse an einer intensiven religiösen Erfahrung im Vordergrund stehen, entscheiden die Fastenden. Ulrike Wagner-Rau spricht »bei gleichzeitiger Enttraditionalisierung und Freiheit im Blick auf individuelle religiöse Praxis« von einer »Neuerfindung der Tradition« und versteht darunter die »bewusste Entscheidung für Momente einer traditionsgebundenen Lebensweise, die der Strukturierung und Orientierung des individuellen Lebenslaufes hilfreich sind«[83].

Den für eine evangelische Kirche konstitutiven Ausgang bei der mündigen Glaubenspraxis nur ins Belieben der Einzelnen zu stellen, würde aber zu kurz greifen. Was selbstbestimmt neu erschlossen werden soll, muss im Überlieferten gefunden werden, was dem Einzelnen frommt, möchte die Gemeinschaft zum Blühen bringen oder mit dem paulinischen Kriterium für das Ausleben der Charismen: Was den Gliedern des Leibes zugutekommt, dient dem Aufbau der Gemeinde (1Kor 15,21). Das Zusammenspiel der Praktiken und Tugenden zu einer *christlichen Lebensform* wird von einem *Ethos* geleitet, das Individualität und Sozialität gleichursprünglich versteht. So gesehen gehört die Erinnerung an das »wahre Fasten« (Jes 58,1 ff.) zum »christlichen Fasten« – aber nicht in der Gestalt einer Moralkeule, die eine »Leitung« schwingt.[84] Darüber nachzudenken, wie die Ausdrucksgestalt des Glaubens dem Leben dient, gehört zum Bil-

---

83 Wagner-Rau, Fasten (s. Anm. 19), 408.
84 Günter Bader, Art. Fasten/Fastentage IV. Ethisch, RGG⁴ Bd. 3, 2000, 45, fragt: Hat man aus theologischer Sicht (Mt 6,16–19) seinen Lohn dahingehend, wenn man, was etwa das Soziale anbelangt, zu wohltätigen Zwecken fastet, oder, was das Psychosomatische anbelangt, zum Zweck der Gesundung, oder, was das Religiöse anbelangt, zur Erlangung eines höheren Status?

5. Die Frage nach der christlichen Lebensform

dungsauftrag, aber nicht (mehr) zur *Erziehungsaufgabe* der Kirche.

Die »Neuerfindung der Tradition« ist eine Gelegenheit für die Kirche, die Evangeliumskommunikation lebensnah und konkret wahrzunehmen.[85] Es darf für einen christlichen Lebensstil geworben und das Attraktive am Fasten ins Licht gestellt werden, solange die Spannungen zwischen den Motivlagen im Blick bleiben und die Inkonsistenzen nicht zum Anlass werden, alles besser zu wissen. Die Suche nach einer Intensivierung des Selbsterlebens auf der einen und die freiwillige Selbstbeschränkung in der Konsumwelt auf der anderen Seite sind nicht gegeneinander auszuspielen, sondern als eine sinnvolle Praxis vorzustellen, »in der sich Momente der Gesundheit, der Schönheit, der Spiritualität und des politischen Wollens zusammenfügen«[86].

Ich denke, dass sich in diesem Zusammenhalten-Können das Charisma der Verzichtspraktik Fasten manifestiert und die Gemeinde als Ort von Spiritualität auszeichnet.[87] Die Gemeinde macht einen Kontrast und geht in Opposition zum

---

85 Isolde Karle, Welche Zukunft hat die Kirche? Berlin 2021, 81–107, 102: »Insgesamt geht es darum zu erkennen, dass Kirche auch vielfach dort, wo man sie gar nicht als Kirche wahrnimmt, eine Impulsgeberin religiöser Praxis ist. Auch moderne Religiosität ist auf Sozialformen angewiesen und kann nicht aus sich heraus existieren. Es ist dabei Ausweis der Stärke und nicht der Schwäche des Christentums, bestimmte Fragen in der Schwebe belassen zu können und zugleich konkrete Deutungsangebote zu machen. Es geht darum, offen für die Vielfalt spätmoderner Spiritualität zu sein und zugleich so etwas wie den eigenen Kern zu behalten.«

86 Wagner-Rau, Fasten (s. Anm. 19), 411.

87 Roger Mielke, Gemeinde als Ort (s. Anm. 73), 45: »Spiritualität ist mehr und anderes als Lebenskunst und Sorge um sich selbst. Spiritualität hat zwar die Dimension des unvertretbar Individuellen und des ganz und gar zutiefst Persönlichen, des ›Einsamen‹, aber gerade so ist sie eingebet-

5. Die Frage nach der christlichen Lebensform

Dogma der säkularen Kultur, die Lebensform als Frage nach dem Wahren, Schönen und Gerechten zur *Privatsache* erklärt, aber laut und marktschreierisch dafür wirbt, sich die *Ressourcen* dafür selbst zu beschaffen. Es geht um den kreativen Widerstand gegen das, was Hartmut Rosa den »großen rationalen Imperativ der Moderne«[88] nennt.

> »Was auch immer wir uns als Lebenstraum wählen, es wird uns besser gelingen, wenn wir genügend ökonomisches, soziales, kulturelles, symbolisches und körperliches Kapital ansammeln – mit anderen Worten: wenn wir reich, emotional intelligent, gebildet und gutaussehend sind sowie die richtigen Beziehungen haben.«[89]

Die Anstrengung, uns die Ressourcen zu beschaffen, die wir für das gute Leben brauchen, hält uns ständig auf Trab. Es ist immer noch *mehr* Bildung, noch *mehr* Erfolg und noch *mehr* Reichtum nötig, um die Erfüllung zu finden, die uns glücklich macht. Gehorchen wir diesem Imperativ, lassen wir uns – bewusst oder unbewusst – von Liturgien des Marktes formen.[90]

Fasten plädiert für ein »Weniger ist mehr«. Die Entscheidung zu fasten, entzieht sich dem Sog der Konsumreligion. Das Gefühl, einen *einfachen Lebensstil* zu suchen, macht zu einem guten Teil die Attraktivität des »Weniger« aus – sei es in

---

tet in die andere und entsprechende, die komplementäre Dimension des ›Gemeinsamen‹.«

88 Hartmut Rosa, Two Versions of the Good Life, in: Volf/Croasmun, Das Leben der Welt (s. Anm. 82), 28.
89 Volf/Croasmun, a. a. O., 28.
90 Ich verwende den Begriff der »Liturgie« phänomenologisch – der kirchliche Ritus wäre in dieser Sicht als »Antiliturgie« zu den Riten der Welt zu verstehen. Vgl. Fredrik Portin, Liturgies in a Plural Age: The Concept of Liturgy in the Works of William T. Cavanaugh and James K. A. Smith, in: Studia Liturgica 49/1 (2019), 122–137.

5. Die Frage nach der christlichen Lebensform

der populären Variante der vorösterlichen Verzichtsübung oder sei es in der rigideren Praxis des Vollfastens. Julia Koll bringt es gut auf den Punkt, wenn sie festhält:

> »Im Blick auf die gegenwärtige Praxis greifen [...] der theologische Verdacht der Selbsterlösung als auch die kulturkritische Vermutung, Fasten sei eine weitere, systemkonforme Praxis der Selbstoptimierung, zu kurz. Im Sinne einer ersten theologischen Annäherung an das Phänomen ist vielmehr festzuhalten: Hier geht es nicht um Erlösung, sondern um Heiligung, mithin um die Frage nach dem guten Leben, der Orthopraxie. Dies berührt sich nicht unbedingt mit der Gottes-, in jedem Fall aber mit Sinnfragen. Daher lässt sich das selbstbestimmte Etwas-Fasten in der vorösterlichen Zeit sehr wohl als geistliche Übung bezeichnen [...]. In den Topoi vom guten Leben, von Kraft und Schwäche, Genug-Haben, Teilen und Genießen liegen ja durchwegs Anknüpfungspunkte verborgen, die es zu sichten und zu gestalten gilt.«[91]

Von allein versteht sich das nicht. Es muss kommuniziert sein. Und das geschieht nicht oder noch zu wenig. Dass und vor allem *was* christlich verstandenes Fasten mit Ostern zu tun hat, bleibt den meisten Fastenden verborgen. Wenn man dies ändern wolle, so Julia Koll, müsse wohl der Versuch unternommen werden, die obengenannten Erfahrungshorizonte des spätmodernen Fastens mit den klassischen religiösen Themen, wie sie in der Fastenzeit erinnert werden, »miteinander zu versprechen«.[92]

Julia Kolls Verwendung von Ernst Langes schönem Versprecher, zeigt, um was es geht. Was wir von der Predigt erwarten, gilt auch für die kirchliche Kommunikation zur Fastenpraxis insgesamt.[93] Das Ziel homiletischer Vermitt-

---

91 Julia Koll, Osterfrömmigkeit (s. Anm. 29), 20 f.
92 A. a. O.
93 Ernst Lange, Predigen als Beruf, Stuttgart 1976, 9–51, 27. Predigt habe »Verheißung und Wirklichkeit miteinander zu versprechen, so dass verständ-

5. Die Frage nach der christlichen Lebensform

lung, die »Verheißung und Wirklichkeit miteinander zu versprechen«, formuliert ein hermeneutisches Grundanliegen, das sowohl für die Dogmatik als auch die Pragmatik gilt. Das Gerechte, das Wahre und das Schöne der christlichen Lebensform stellt sich weder mechanisch noch automatisch ein. Es ist die Frucht des Geistes, die der Gemeinde verheißen ist.[94]

    lich wird, wie die Christusverheißung auch und gerade diese den Glauben drängende Wirklichkeit betrifft, [...] und im Licht der Verheißung auf eine eigentümliche Weise für Gott, für den Glauben und seinen Gehorsam in Liebe und Hoffnung zu sprechen beginnt«.

94 Im Horizont eines »soteriologischen Telos«, so Mielke, Gemeinde als Ort von Spiritualität (s. Anm. 73), 48, ist die »Gemeinde [...] der konkrete Ort, an dem Menschen durch die Kraft des Heiligen Geistes berührt werden, um in der Nachfolge Jesu, auf dem durch Jesus ermöglichten und eröffneten Weg, in die Gemeinschaft mit dem Vater zurückzukehren und so Anteil zu erhalten an der Fülle des Lebens, das der dreieinige Gott in sich selbst ist«.

6. Lebensreformbewegung

6.1 FASTEN, PILGERN UND SCHWEIGEN

Seit den 1970er Jahren erfreuen sich körperbetonte spirituelle Praktiken einer wachsenden Beliebtheit. Das gilt für das Fasten und Pilgern genauso wie für das Meditieren und für alternative Heilungspraktiken. Generell ist im Kontext von *Gesundheit* und *Spiritualität* von einer geschärften Aufmerksamkeit für die *Körper-Geist-Synthese* oder das Ideal einer ganzheitlichen Lebensweise zu sprechen. Auch mit Blick auf die christliche Aszetik kann von einer *Renaissance* gesprochen werden. Natürlich ist das kein Zufall! Die gesteigerte Aufmerksamkeit für den eigenen Körper entspricht einem Megatrend. Alle Methoden, die eine gesteigerte Körperkontrolle versprechen, sind attraktiv.[95] Man könnte auch von einem Wohlstandsphänomen reden. Wir können es uns leisten, uns in der »Freizeit« oder einer »Auszeit« um unser Wohlbefinden zu kümmern.

Aber nicht alle tun dies in der Tradition der antiken und kirchlichen Aszese. Manche pilgern in den Süden und suchen die außeralltägliche Wohltat für Körper und Geist am Strand. Andere fasten in den Ferien oder holen sich saure Muskeln und Blasen an den Füßen am Band.

---

[95] Wagner-Rau, Fasten (s. Anm. 19), 410.

Die aszetische Form der Auszeit ist ein populäres und attraktives Gegenspiel im großen Urlaubsmarkt. Es macht Spaß, nicht mit der Masse zu gehen. Wir leben in einer überstimulierten Konsumgesellschaft. Wer dem Sog entgehen und der Überreizung entkommen will, spürt den Wunsch, langsamer zu gehen, weniger zu essen, bewusster zu atmen und zur Ruhe zu kommen. Dazu verhelfen elementarste Körperpraktiken, die jeder und jede üben kann. Die Niederschwelligkeit macht sie anschlussfähig für unterschiedliche Erwartungen im Dreieck von Körperkontrolle, Gesundheit und Religion. Dass sich Einfachheit, Ganzheitlichkeit und Natürlichkeit wieder prächtig vermarkten lässt, gehört zum Paradox des Gegentrends. Alternatives Lebensgefühl kann man gut verkaufen.

6.2 Lebensreform

Fasten, Pilgern, Schweigen und Handauflegen sind verschwunden und wurden *wiederentdeckt*. Die lange Tradition steigert ihre Attraktivität. Es sind allesamt Praktiken, die mit der antiken Selbstsorge in Verbindung gebracht werden können. Das Fasten wäre der Diätetik und das Pilgern eher der *Gymnastik* zuzuordnen. Dass sich die geistliche Übung nicht darauf reduzieren lässt, erzeugt eine provokative und produktive Irritation. Wenn ich Gymnastik treibe, turne ich in einer Halle, mache Dehnübung und trainiere meine Muskeln, in der Hoffnung, dass mein Körper elastisch, kräftig und fit bleibt. Die Diät wurde mir möglicherweise von der Ärztin auferlegt. Ich meide oder bevorzuge gewisse Speisen, damit ich wieder gesunde oder nicht krank werde. Für die Wiederentdeckung der Praktik des Fastens spielt das gesundheitliche Motiv eine herausragende Rolle. Allerdings wurde das diäte-

6. Lebensreformbewegung

tische Programm schon in der Antike umfassender verstanden. Diätetik zielt auf die *Lebensweise*. Sie war einer der drei Grundpfeiler der Medizin, die den Menschen nicht auf den zu behandelnden Körper reduzierten.

Wenn wir die Opposition zur wissenschaftlichen Reduktion mit der Position verbinden, dass es gesund ist, den zivilisatorischen Ballast zu reduzieren, sind wir beim Credo der »Lebensreformbewegung«, die in der zweiten Hälfte des 19. Jahrhunderts zunehmend an Bedeutung gewann. Von einer »Bewegung« ist zu reden, weil es den Pionieren um die Volksgesundheit ging und sie mit einem missionarischen Eifer die natürliche Lebensweise propagierten. Für die Prediger und Protagonisten der Lebensreform war die richtige Ernährung und die Leibarbeit von zentraler Bedeutung.[96] Es zeigt sich darin ein *innerweltlicher Glaube*, der durchaus gesetzliche oder sektiererische Züge annehmen konnte. Aber von diesen ungesunden Exzessen des Gesunden einmal abgesehen, lässt sich gegen das Credo der gesunden Lebensweise wohl kaum etwas einwenden: Wer gesund lebt, lebt länger und besser. Ihre Kritik an einer falschen Lebensweise heißt darum Reform. Die Lebensreformbewegung gewann im 20. Jahrhundert an Schwung, weil sich die Schulmedizin seit dem 19. Jahrhundert *einseitig* entwickelt hatte. »Reform« bezog sich auf eine gesunde Lebensweise, die prophylaktisch vorab auf Ernährung und Fitness und therapeutisch auf die Naturheilkunde setzte.[97] Zu den Behandlungsmethoden zählten der Vegetarismus sowie Sonnen- und Bäderkuren, Kneippen und

---

96 Vgl. dazu Roman Kurzmeyer, Lebensreformbewegung, in: Historisches Lexikon der Schweiz (HLS), Version vom 03.07.2012. Online: https://hls-dhs-dss.ch/de/articles/016446/2012-07-03/ (Zugriff: 26.02.2023).

97 A. a. O.

Fasten. Zur Körperkultur, die Gymnastik und Tanz umfasste, gehörte auch das Singen und geselliges Spiel. Um die Jahrhundertwende herum weitete sich die Lebensreformbewegung zu einer Boden-, Siedlungs- und Wohnungsreformbewegung. Die Ideen einer Gegenkultur auf eigenem Grund und Boden wurde von Vereinen und neuen Gemeinschaften aufgegriffen.[98]

In dieser weltanschaulich heterogenen Bewegungslandschaft gibt es keine verbindende Theorie, aber wir finden familienähnliche Regeln der Ethik und der Ästhetik, die einem vitalistischen Paradigma gehorchten. Natürlichkeit, Naturnähe und Lebendigkeit rückten ins Zentrum. Für die Stadtmüden bot die »naturgemäße Lebensführung« eine willkommene Perspektive. Das Ideal »im Einklang mit der Natur zu sein« wurde massentauglich, die alternativen Lebensentwürfe zu einem ersten Testlauf für die Aussteigerbewegung in den 1960er Jahren.[99]

---

98 Bekannt sind die Siedlung Monte Verità in Ascona (gegr. 1900), die Siedlung Grappenhof in Amden (1901) sowie das Goetheanum der Allgemeinen Anthroposophischen Gesellschaft in Dornach (1913). In Deutschland gründete Eberhard Arnold die Bruderhofbewegung. Sie war verbunden mit der Jugend- und Singbewegung und Protagonisten des religiösen Sozialismus. Die Bruderhofgemeinschaft ist neben den Anthroposophen m. W. eine weitere »Überlebende« aus dem Aufbruch der Bewegungen um die Jahrhundertwende. Vgl. M. Baum, Against the Wind: Eberhard Arnold and the Bruderhof, Rifton, NY 1998; Marco Hofheinz, »Franziskus in Kniebundhosen«. Der christliche Pazifismus Eberhard Arnolds als Tatzeugnis gemeinsamen Lebens (1883–1935), in: Marco Hofheinz/Friederike van Oorschot (Hrsg.), Christlich-theologischer Pazifismus im 20. Jahrhundert, Münster 2016.

99 Vgl. dazu Eva Barlösius, Naturgemäße Lebensführung. Zur Geschichte der Lebensreform um die Jahrhundertwende, Frankfurt a. M. 1997.

6. Lebensreformbewegung

Der missionarische Eifer der ersten »Reformer« war also ein Signal für Kommendes. Die Lebensreform verknüpft Individuelles mit Sozialem und Politischem. Die Pioniere sahen in der Lebensreform eine Möglichkeit, der Verwahrlosung und der Massenarmut, die zu massiven volksgesundheitlichen Schäden führte, etwas entgegenzuhalten. Wer sich richtig ernährt, sich abstinent verhält und seinen Leib in Form hält, kann für sich selbst sorgen, erfährt Selbstwirksamkeit und zeigt Selbstverantwortung. Wenn die Leute gut essen, lassen sich die zivilisatorischen Krankheiten an den Wurzeln ausrotten. In der Vision der Lebensreform ist jener *innerweltliche Glaube* zu entdecken, von dem oben (Kap. 4.2) die Rede war, ein erzieherisches Pathos, das sich als Ethos einer *innerweltlichen Heiligung* manifestiert – einerseits im Zeugnis der charismatischen Pioniere, die zur Nachfolge aufrufen, andererseits im Versprechen, ein gutes und erfülltes Leben führen zu können. Die Seligpreisung der Gesunden zeigt sich auch am Menü.

Natürlich kann ich beim Raffeln der Äpfel auch beten. Aber das ist nicht nötig. Es steckt genug Segenskraft in den natürlichen Zutaten, um mich gesund zu halten. BIO wird zum Sakrament. Eine heilige Speise, die mich verwandelt, braucht es nicht – die gesunde *Rohkost* sorgt von allein für die heilende Transformation. Sie ersetzt das Abendmahl. Der diätetischen Tugend entspricht ein diätetisches Gut und die Pflicht wird zur Neigung. Mit anderen Worten: Wir sind der antiken Selbstsorge näher als der religiösen Praxis, wie sie in der monastischen Tradition gepflegt wurde. Das gilt auch für den Verzicht auf den übermäßigen Verzehr von Genussmitteln und dem Verbot rauscherzeugender Substanzen. Wer weiß, was gesundes Essen bewirkt, verabschiedet sich von ungesunden Gewohnheiten. *Abstinenz ist gesund und Tran-*

szendenz ein Lebensmittelzusatz, den einige Naturreligiöse für unverträglich halten.

6.3 Diätetische Reform und christliche Form

Wer *fastet*, verzichtet auf *Gutes*, das guttut, wer eine Diät macht, reduziert den Konsum oder verhält sich abstinent, weil das Übermaß, eine schädliche Substanz oder eine bestimmte Nahrung nicht gut bekommt. Beim Vollfasten verzichte ich aber auf das tägliche Brot. Dass ich bei der Fastenübung für eine Zeit liebe Gewohnheiten unterbreche, macht sie auch zu einer *Abstinenzübung*. Ich verzichte auf normale *und* vielleicht auch schlechte Essgewohnheiten. Letzteres entspricht durchaus dem Sinn des *Heilfastens* und ist als Kollateralnutzen der Fastenübung willkommen. Aber es ist nicht die erste Motivation und Intention des Fastens. Wer eine Diät im strikt medizinischen Sinn machen *muss*, hat noch nicht gefastet und wer fasten will, verbindet das besser nicht mit einer Diät.

Sich bewusster zu ernähren, ist ein *Teilziel* des gesunden Lebenswandels – das *eigentliche* Ziel ist ein gutes, erfülltes Leben zu führen, indem man sich *stärkt*. Hierin sehe ich die Parallele zwischen den Idealen einer diätetischen Lebensreform und einer christlichen Lebensform. Für Letztere ist das Streben nach dem Heiligen auch eine Frage der *Stärkung*.[100]

Natürlich ist die Lebensreform dem Tal näher als dem Berg und dem Boden mehr verbunden als dem Himmel. Sie kann als Auswuchs der spätromantischen Naturverehrung kritisch gesehen werden – als naiver Versuch, im Natürlichen das Paradiesische wiederzufinden. Anderseits sind Bezüge

---

[100] Zum Thema Starkwerden vgl. auch Karl Barth, KD III 4, 448, 706; IV 1, 794; IV 2, 667; II 2, 667 f.

zur Schöpfungsspiritualität offensichtlich. Wäre nicht allen gedient, wenn sich alle Menschen von Flocken und Früchten ernähren würden? Wer jetzt an ein Birchermüsli denkt, denkt richtig.[101]

Der Zusammenhang zur Schöpfungsgeschichte (und zum Paradies) ist dadurch gegeben, dass das Müsli-Rezept ziemlich exakt die Zutaten berücksichtigt, die im göttlichen Speiseplan des Schöpfungsberichts aufgeführt werden:

> »Hiermit übergebe ich euch alle Pflanzen auf der ganzen Erde, die Samen tragen, und alle Bäume mit samenhaltigen Früchten. Euch sollen sie zur Nahrung dienen.« (Gen 1,29)

6.4 Zwischenfazit

Die kulturellen Rahmenbedingungen des Fastens – hier verstanden als religiös motivierter Nahrungsverzicht, der eine Intensivierung und Stärkung des Glaubens bewirken will – wandeln sich stetig. Das gilt auch für das Verhältnis zur Schöpfung. Sowohl der Bezugsbereich als auch das Beziehungsfeld der Schöpfungsfrömmigkeit hat sich in der Neuzeit stark verändert. Der Wechsel im Sprachgebrauch von *Schöpfung, Natur* und *Umwelt* zeigt sich auch in der Verschiebung der Subjektpositionen im Zusammenspiel der diagonalen und vertikalen Resonanzen. Das »Grüne« und das »Land« wird in der zweiten Hälfte des 19. Jahrhunderts zum *Erlebnisraum* der frommen Ergötzung, Erbauung und Erfahrung und zum *Projektionsraum* für die imaginierte Gemeinschaft der Nation. Zu Beginn des 20. Jahrhunderts wird die

---

[101] Der Erfinder des Müslis, Oskar Bircher-Benner, gehört neben Kräuterpfarrer Johannes Künzle zu den bekanntesten Vertretern der Lebensreformbewegung in der Schweiz.

6. LEBENSREFORMBEWEGUNG

Natur zudem zum Rückzugsraum für gegenkulturelle Entwürfe. Natürlichkeit wird zum ästhetischen Ideal erhoben und das Naturbelassene zum Zufluchtsraum für Zivilisationsmüde.

Es bestätigt und konkretisiert sich Thomas' und Höfners Hypothese vom Umbau der Religion: Religiös attraktiv ist nicht (nur) der Schöpfer, sondern (auch) die Gaben der Schöpfung, nicht (nur) das Heilige, sondern (auch) das Heilende, nicht (nur) außerweltliches Heil, sondern (auch) das gute Leben in der Welt. Natur wird zum Hort und Ort einer Vitalität, die dem Leben Fülle verspricht oder mit einem altmodischen Wort Segen spendet.

In den Nachkriegsjahren hat sich dann das ereignet, was man eine *Erneuerung der Religiosität* nennen kann und es sind – auch wenn darunter ganz Verschiedenes vorstellbar ist[102] – in dieser Erneuerung auch Spuren einer *Erweiterung zur Lebensfrömmigkeit* erkennbar, die auf den Einfluss der Bewegungen, die für eine ganzheitlichere Lebensweise werben, zurückgeführt werden können. Vom Ansatz der gelebten Religion her gesehen zeigt sich das Neue im Bereich körperbezogener Praktiken und Sozialformen: als Wiederentdeckung aszetischer Disziplinen im Gewand des Heilfastens und Sportpilgerns, in der Singbewegung, in Gemeindefreizeiten und Gottesdiensten im Grünen und in Vielem mehr.

Die phänomenale Weitung und ethische Auflading der Ernährungsthematik in der Gegenwart erhöht den Bedarf, beim Fasten den Fokus nicht aus den Augen zu verlieren, also Fasten als eine kirchliche Praktik zu verstehen und als Teil des christlichen Lebens zu sehen, die den Leib in Form hält.

---

102 Vgl. Dietz Lange, »Sollen wir eine Erneuerung der Religion erwarten?«, in: ZThK 112 (2015), 490–506.

7. Fasten – in der monastischen Lebensform

7.1 Das Anliegen

Wer sich mit der jüngeren Geschichte der Fastenbewegung beschäftigt, macht die Beobachtung, wie oft in der Literatur von einer »Wiederentdeckung« des Fastens die Rede ist. Auch in der Kirche ist von einer Wiederentdeckung zu reden, weil diese »das Fasten als Ausdruck ihres Glaubens und Betens weitgehend vergessen [hat]«[103]. Erst im Zuge der geistlichen Erneuerung der Orden nach dem Zweiten Weltkrieg fand das Heilfasten nach Otto Buchinger auch in der Kirche vermehrt Aufmerksamkeit.[104] Wesentlich zur Popularisierung der Praxis hat ein kleines Büchlein zum Fasten beigetragen, das in der Reihe der Münsterschwarzacher Schriften zum geistli-

---

103 Anselm Grün, Fasten. Beten mit Leib und Seele, Münsterschwarzach ⁸1994, 7. Das Buch wurde 2021 neu aufgelegt.
104 Otto Buchinger beschrieb im Vorwort zum Buch von P.-R. Régamey, Wiederentdeckung des Fastens, Wien/München 1963 die Situation wie folgt: »Ist nicht unsere Kirche die eigentliche Hüterin des echten heiligen Fastens, welches auch das Heilende in sich schließt? Sie hat es jedoch in der Flucht und Wucht der schweren letzten Jahrhunderte vergessen. Wiederentdecker waren Ärzte und Sportleute. Der Schatz in diesem alten Acker gehört aber dennoch der Kirche. Sie muss nunmehr Anspruch auf ihn erheben. Die Welt ist heute gefährlich nahe dem Rande des Abgrundes. Versagen schließlich auch noch die Priester unserer Kirche durch Ermüden, Verkümmern, Krankheit und viel zu frühen Tod, dann sehe ich keine Hoffnung mehr.« (12)

chen Leben 1984 in der ersten Auflage erschienen ist. Anselm Grün erinnert darin an das vergessene Erbe und ermuntert Laien, das Fasten zu versuchen. Die Schrift wurde zum regelrechten Verkaufsschlager. Im Untertitel kommt die religiöse Doppelpointe des christlich verstandenen Fastens prägnant zum Ausdruck: Fasten ist *Beten mit Leib und Seele*.

Diese feine und kleine Schrift ist ein bemerkenswerter Versuch, eine Brücke zwischen dem neuentfachten Interesse an der gesundheitlichen Funktion des Fastens und dem verschütteten religiösen Wissen der aszetischen Praktik zu schlagen. Der Brückenschlag war nicht etwa nötig, weil sich die Pioniere des Heilfastens von der Kirche distanziert hatten. Es war vielmehr die (katholische) Kirche, die sich mit der eigenen Fastentradition schwertat! In der Einleitung nennt Grün zwei Gründe für das kirchliche Desinteresse. Es war einerseits der tradierte *Dualismus* von Leib und Seele, der zu einer *Spiritualisierung* der Praxis führte. Die körperlichen Aspekte des Fastens werden in dieser Sichtweise wenig beachtet, ja beinahe verächtlich angesehen. Dazu kam zweitens die Klage, dass das Fasten in einem institutionellen Gehäuse gefangen und zeitweise sehr streng reguliert war.[105] Eine komplizierte Dispenspraxis hatte das Unbehagen zusätzlich gesteigert. Auch wenn vieles davon nach dem Konzil keine Geltung mehr hatte, blieb am Fasten das Gedächtnis einer kirchlichautoritär verordneten Praktik haften.[106]

---

105 Hans Jürgen Teuteberg, Magische, mythische und religiöse Elemente in der Nahrungskultur Mitteleuropas, in: Nils-Arvid Bringéus, Wandel der Volkskultur in Europa, Festschrift für Günter Wiegelmann zum 60. Geburtstag, Münster 1988, 351–373, bes. 370 f.

106 Monika Hoffmann, Im Spiegel der Zeit (s. Anm. 10), 144: »Im Codex Iuris Canonici von 1917 (CIC/1917) findet sich eine erste kirchenrechtlich-systematische Darstellung der kirchlichen Fasten-Regelungen. Neben dem

7. Fasten – in der monastischen Lebensform

In dieser ambivalenten Gemengelage einen Brückenschlag zur Tradition zu versuchen, ist mit Risiken behaftet. Gelingt es, die vergangenen Kämpfe und Krämpfe hinter sich zu lassen? Lässt sich das religiöse Gedächtnis wiederbeleben, ohne in die alten Fallen zu tappen?

Anselm Grüns Vorgehen ist paradigmatisch für das kirchliche Comeback der aszetischen Spiritualität: Grün geht den Weg der Erkundigung und fragt nach der Fastenpraxis, wie sie in der frühen Kirche und vor allem im Mönchstum geübt wurde, aber sucht beständig den Kontakt mit den Menschen, die sich heute für das Fasten interessieren. Im Fokus sind nicht die Geistlichen, die sich für ein radikales Leben in der Nachfolge entschieden haben, sondern Suchende, die eine Erfahrung machen wollen, die den *Horizont ihres Alltags erweitert*. Was in dieser Suchbewegung als Sehnsucht aufleuchtet, soll im Licht der alten Erfahrungen geklärt und erklärt werden.

Im Subtext der grünschen Schrift wird der Suchende auch darüber aufgeklärt, dass es möglicherweise naiv sei, auf außeralltägliche religiöse Erleuchtung zu hoffen, wenn der Glaube im Alltag nicht geübt wird. Grüns Ansinnen ist es, das Fasten als Ausdruck des Glaubens und als eine bestimmte Weise des Betens, als Beten mit Leib und Seele neu zu verstehen. Mit anderen Worten: Fasten tut gut und ist gesund, weil es eine *ganzheitliche Praxis* ist. Wer sich darauf einlässt,

---

CIC/1917 regelten bis zum II. Vatikanischen Konzil Fastenordnungen, Moralhandbücher und Katechismen die Praxis. Dabei war eine kasuistische Handhabung bestimmend, nach der Verstöße gegen das Fastengebot als schwere Sünde galten.« Vgl. auch Barbara Siebenbrunner, Die Problematik der kirchlichen Fasten- und Abstinenzgesetzgebung. Eine Untersuchung zu dem im Zuge des Zweiten Vatikanischen Konzils erfolgten Wandel, Frankfurt a. M. 2001.

muss allerdings eine Schwelle überwinden.[107] Also werden potenzielle Fastende ermutigt, die Praktik zu *üben* und die Kirche ermahnt, die Übung seelsorglich, geistlich und erwachsenenbildnerisch zu begleiten. Es geht darum die Fastenden anzuleiten, wie sie mit den Risiken und heilsamen Nebenwirkungen des Fastens umgehen können.

Grün greift dafür auf die *Tiefenpsychologie* von C. G. Jung zurück. Auf diesem Umweg soll die heilsame Wirkung des ganzheitlich verstandenen Fastens plausibel begründet werden. Warum es sich (noch immer) lohnt, den Umweg über die *Individuation* zu gehen, um »den eigenen Kern« des Religiösen zu entdecken, soll in einem Exkurs (7.2 bis 7.4) kritisch würdigend entfaltet werden.

7.2 Fasten als Weg zur Reifung der Person

Jungs Hauptinteresse galt der *Reifung* der Person, die er als Individuation versteht. Ziel ist, *Einseitigkeiten*, die für die Selbstwerdung entwicklungshemmend sind und zu Leiden führen können, zu überwinden und einen Prozess anzustreben, der zu mehr Erfüllung im Leben und Glauben führt. Zur Reife kommt ein Mensch durch einen Prozess, der auf salutogenetischen Prinzipien basiert. Was Menschen gesunden, reifen und ganz(er) werden lässt, beginnt mit der Akzeptanz der ungesunden, unreifen und fragilen Seite der Person, die sich in den Widersprüchen von Gefühl und Verstand oder Bewusstem und Unbewusstem verstricken kann.

Der Schweizer Psychiater und Psychotherapeut Daniel Hell vermutet wohl zu Recht, dass der »Schatten« die bekann-

---

107 Vgl. Niklaus Brantschen, Fasten (s. Anm. 13), 8.

teste Begriffsbildung C. G. Jungs ist.[108] Der Schatten steht für die ins Dunkle verdrängte Seite des Menschen, also jene Neigungen und Eigenschaften, die man an seinem idealen Ich nicht wahrhaben will. Demgegenüber steht die »Persona« für die Maske, die ein Mensch aufsetzt, um sich anzupassen und den Normen zu entsprechen. Nach Jung kann ein Mensch erst zum »Selbst« finden oder eine ganze Persönlichkeit werden, wenn er den Schatten der Persona anerkennt und sich mittels aktiver Imagination damit auseinandersetzt, wer er in Wahrheit ist.

Die existenzielle Frage nach dem eigenen Selbstverständnis stellt sich uns in einer Welt, die sich immer schneller verändert. In fast allen Psychotherapie-Schulen, so Daniel Hell, sei darum in den letzten Jahren eine Öffnung gegenüber Fragen nach dem »Selbst« und seiner Verwirklichung und damit verbunden auch nach dem »Sinn« und dem »Ganz- oder Heilwerden« zu beobachten – mit der durchaus problematischen Folge, dass auch die therapeutisch orientierte Selbstfindung in den ökonomisch und gesellschaftlich geforderten Sog von Individualismus und Konsumorientierung geraten konnte. Die Entwicklungsaufgabe, ganz sich selbst zu werden, kann sich ins Gegenteil verkehren und zu einer *Selbstfixierung* führen.[109]

---

108 Die folgende kurze Charakterisierung von C. G. Jungs Denken nimmt Impulse aus Daniel Hells prägnantem Artikel »Die Eigenart des Menschen« in der NZZ auf. Vgl.: https://www.nzz.ch/die_eigenart_des_menschen-ld.668238 (Zugriff: 06.03.2023). Erhellend auch: Daniel Hell, Das Selbst in der Krise – Krise des Selbst, Basel 2020, 11–23.
109 Vgl. dazu Alain Ehrenberg, Das erschöpfte Selbst. Depression und Gesellschaft in der Gegenwart, Frankfurt a. M. 2004. Ehrenberg entwickelt die These, dass in der aktuellen Konzeption der Depression eine paradoxe Verkehrung des modernen Anspruches, die Person aus überkommenen Bindungen und Traditionen zu befreien, erkannt werden kann.

7. Fasten – in der monastischen Lebensform

Im Unterschied zu anderen Selbstkonzepten, die das »Selbst« zunächst als etwas Leeres beschreiben, das gleichsam gefüllt werden muss, um heranreifen zu können, zeichnet sich das von Jung konzipierte »Selbst« dadurch aus, dass ihm eine eigene und soziale Potenz zukommt. Die Seele ist keine Tabula rasa, sondern geprägt durch kollektive oder archetypische Muster, die das Selbst nicht auf sich allein stellen, sondern als eine Größe sehen lassen, die in etwas Größeres und Tieferes eingebettet ist, eine Wirklichkeit, die der Selbstaktualisierung etwas Widerständiges und Widersprüchliches verleiht. Dieses kritisch-diagnostische Profil macht nach Hell Jungs Ansatz für die Therapie attraktiv:

> »Angesichts der psychotherapeutischen Herausforderungen, die sich mit der Zuspitzung des Individualismus heute stellen, sind die Erfahrungen und therapeutischen Modelle Jungs besonders beachtenswert. Auch bezüglich der in neuerer Zeit so dringend gewordenen Frage, wie man sich ein ›Selbst‹, das man zu verwirklichen habe, vorzustellen hat, lohnt es sich, C. G. Jung in der Psychotherapie nicht ›draussen vor der Tür‹ stehen zu lassen, auch wenn dabei die problematischen Seiten Jungs ein Hindernis sein können.«[110]

Jungs Konzeption des Selbst liefert Sehhilfen, um die gesellschaftlich *geforderte Individualisierung* schärfer in den Blick zu nehmen. Wenn Individualisierung als Forderung nach Unverwechselbarkeit, Originalität und Authentizität gleichzeitig mit dem Imperativ »Sei glücklich!« zusammenfällt, wird *Individualität* paradoxerweise zur Normalität und *Singularität* zum sozialen Postulat. Daniel Hell warnt darum mit C. G. Jung, dass der Druck, ein glückliches Leben zu führen, Menschen dazu verführen kann, »sich mit der ›Persona‹, dem äußeren Schein, gleichzusetzen, wodurch sie Ge-

---

110 Daniel Hell, Eigenart des Menschen (s. Anm. 108), a. a. O.

7. Fasten – in der monastischen Lebensform

fahr laufen, sich in Erfolgs- und Leistungsdruck zu erschöpfen«[111].

Jungs Verständnis des »Selbst« ist keine Heilslehre, aber schärft die Konturen eines *realistischen Menschenbilds*, das auch der Seelsorge und der geistlichen Begleitung zugrunde liegt. Wir können eine Zeitlang den Schein wahren, unser Image polieren und unseren Ruf retten, aber werden in Krisenzeiten erfahren, dass unser Ideal-Ich ein fragiles Gebilde ist. In einer Zeit, in der immer mehr Menschen auf sich selbst geworfen sind und mit sich selbst ringen, braucht die leibseelische Verwurzelung der Individuation also ein bewusstes Ja zur Reifung, die aus Quellen schöpft, die nicht erschöpfen.

Das Ja zur Lebensreife beinhaltet auch ein Ja zu einem Lebensweg mit Entwicklungsaufgaben. Darauf läuft es bei Daniel Hells wie bei Anselm Grüns Jungrezeption hinaus: Ohne *Individuation* macht *Individualisierung* krank und ohne Bereitschaft, an sich selbst zu arbeiten, kommt ein Mensch nicht zur Reife. Leitend ist die Differenz eines unreifen Selbst und reifen Selbst, wie sie Jung in der Unterscheidung des Individualismus und der Individuation geltend gemacht hat:

> »Individualismus ist ein absichtliches Hervorheben und Betonen der vermeintlichen Eigenart im Gegensatz zu kollektiven Rücksichten und Verpflichtungen. *Individuation* aber bedeutet geradezu eine bessere und völligere Erfüllung der kollektiven Bestimmungen des Menschen, indem eine genügende Berücksichtigung der Eigenart des Individuums eine bessere soziale Leistung erhoffen lässt, als wenn die Eigenart vernachlässigt oder gar unterdrückt wird. [...] Individuation kann daher nur einen psychologischen Entwicklungsprozess bedeuten, der die gegebenen individuellen Bestimmungen erfüllt, mit anderen Worten, den Menschen zu *dem* bestimmten Einzelwesen macht, das er nun einmal ist. Damit wird er nicht ›selbstisch‹ im landläufi-

---

111 A. a. O.

gen Sinne, sondern er erfüllt bloß seine Eigenart, was, wie gesagt, von Egoismus oder Individualismus himmelweit verschieden ist.«[112]

Daniel Hell akzentuiert in seiner kurzen Jung-Darstellung dieses nicht selbstische Selbstsein dadurch, dass sich ein Mensch im Sinne *Martin Bubers* als einzigartiges »Du« angesprochen fühlt und sich vor dem Anderen zum Anderen hin verantwortet.

Der Verweis auf Buber bringt aus theologischer Warte tatsächlich eine wichtige Erweiterung der in der Individuation angestrebten Reife und führt zugleich über C. G. Jungs *gnostisch konzipierte* Gotteslehre hinaus.[113] Denn Bubers »Ich-Du-Relation« leitet zur fundamentalen Gott-Mensch-Unterscheidung, die für eine glaubensbasierte Lebenspraxis konstitutiv ist. Für Buber ist das »Du« eine *göttliche Wirklichkeit*, die der Glaube annimmt, für Jung ist das »Du« ein Symbol für die Maske Gottes und somit eine *Projektion der Seele*, die im kollektiven Unbewussten eingebettet ist. Gott ist (nur) als Symbol erfahrbar und letztlich (nur) eine Selbsterfahrung.[114]

---

112 C. G. Jung, Seelenprobleme der Gegenwart (1933), in: Gesammelte Werke, Zivilisation im Übergang, Bd. 10, Freiburg 1974, 65.

113 Vgl. dazu Susanne Heine, Spiritualität ohne Gott. Das Paradigma der »göttlichen Natur« als Herausforderung für die christliche Theologie, in: Uta Heil/Annette Schellenberg (Hrsg.), Frömmigkeit. Historische, systematische und praktische Perspektiven, Wiener Jahrbuch für Theologie, Bd. 11, Göttingen 2016, 141–164.

114 Ist Gott ein seelisches Phänomen? Darüber stritten sich Martin Buber und C. G. Jung. Vgl. dazu Bubers Replik in MERKUR, VI/5, Mai 1952, 474–476 auf einen Beitrag an Jung – hier aus: Martin Buber, Gottesfinsternis, Gerlingen 1994, 135–147: »Die Seelenlehre, die die Geheimnisse behandelt, ohne die Glaubenshaltung zum Geheimnis zu kennen, ist die moderne Erscheinungsform der Gnosis. Die Gnosis ist nicht als eine nur-historische, sondern als eine allmenschliche Kategorie zu verstehen. Sie – und

7. Fasten – in der monastischen Lebensform

7.3 Fasten als Schattenarbeit

Was passiert, wenn Menschen fasten? Sie versetzen sich in einen Zustand, der ihnen eine *Anfechtung* beschert. Indem sie sich dem Essen als dem naheliegendsten Mittel der Verdrängung enthalten, kommt Verdrängtes und Unbefriedigtes herauf. Wenn Unlust und Leere aus dem eigenen Seelengrund aufsteigen, ist das Selbst gefordert.

Was Fastende erfahren, *kann* tiefenpsychologisch so gedeutet werden, dass selbstbestimmtes Fasten jene regressive Bewegung unterbricht, in die der Hunger treibt. Wer fastet, konfrontiert sich willentlich mit seinem Schatten. Jung selbst beschreibt es wie folgt:

> »Der Anspruch aufs Ernährtwerden wird durch absichtliches Fasten [...] ersetzt. Durch eine derartige Haltung wird die Libido gezwungen, auf ein Symbol oder ein symbolisches Äquivalent der alma mater auszuweichen, nämlich auf das kollektive Unbewusste.«[115]

Warum tun sich die Fastenden das an? Sie tun es, weil sie sich etwas davon erhoffen – Klärung, Heilung und Erlösung. Eben darin besteht die Chance längerfristig zu reifen, dass der Mensch durch das Training des Fastens lernt, seine psychische Energie nicht rückwärts an der Mutterbindung, sondern vorwärts auf ein Symbol auszurichten, um darin, dass er von sich selbst loskommt, zu sich selbst zu kommen. Während also der unreife Mensch »infantil«, abhängig und ge-

---

nicht ein Atheismus, der, weil er Gottes bisherige Bilder verwerfen muß, ihn annihiliert – ist der eigentliche Widerpart der Glaubenswirklichkeit.« Zur Kritik des mystischen Erlebens siehe auch Abraham Heschel, Gott sucht den Menschen. Eine Philosophie des Judentums, Neukirchen-Vluyn 1989, 152 f.

115 C. G. Jung, Symbole der Wandlung, in: Gesammelte Werke, Bd. 5, Olten 1973, 427 f. zit. in Grün, Fasten (s. Anm. 103), 53.

7. Fasten – in der monastischen Lebensform

bunden bleibt, ist der reife Mensch nicht länger unbeherrscht und seinen Affekten ausgeliefert! Das Fasten ist ein hartes Training, weil es den Fastenden mit seinen Triebregungen bekannt macht. Wer reifen will, bekommt es mit seiner Unreife zu tun oder religiös gewendet, wer ein Heiliger werden will, wird früher oder später auf seine unheiligen Seiten stoßen.

Schattenarbeit ist nach Jung Bewusstwerdungsarbeit und der Schatten ein moralisches Problem, insofern das Ganze der Ichpersönlichkeit herausgefordert wird. Die Persona muss lernen, »die dunkeln Aspekte der Persönlichkeit als wirklich vorhanden anzuerkennen«[116]. Grün sagt es im Anschluss an Jung so: Wenn ich beim Fasten bewusst »die vielen Ersatzbefriedigungen aus der Hand lege, die mich oft genug betäuben oder blind machen, erkenne ich meine innerste Wahrheit«[117], eine Wahrheit *über mich*, die nicht nur schön ist. Weil der Verzicht mir offenbart, wonach ich mich verzehre und »meine unerfüllten Wünsche und Sehnsüchte, meine Begierden, meine Gedanken, die nur um mich kreisen, um meinen Erfolg, um meinen Besitz, um meine Gesundheit, um meine Bestätigung, meine Gefühle wie Zorn, Bitterkeit und Traurigkeit«[118] hochkommen. Ein Etappenziel auf dem Weg der Fastenübung ist es demnach, dem eigenen *Schatten* nicht auszuweichen und sich dem, was dem Ich-Ideal im eigenen Seelenhaus unangenehm ist, nicht zu verschließen.

Über jeder Aszetik schwebt der säuerliche Schweißgeruch. Da gibt es nichts wegzudiskutieren. Die Übung ist anstren-

---

116 C. G. Jung, Aion: Beiträge zur Symbolik des Selbst, in: Gesammelte Werke, Band 9/2, §14.
117 Grün, Fasten (s. Anm. 103), 23.
118 Ebd.

gend – einzig versüßt durch den Umstand, dass ich mich selbst dafür entschieden habe und Selbstwirksamkeit erlebe. Es lockt ein hoher Preis, wenn ich es schaffe, meine Begehrlichkeiten zu zähmen. Es locken Anerkennung, Ansehen, Bewunderung und Applaus. Und darin liegt auch die Versuchung der Introspektion.

Wir sind trickreich unterwegs mit uns selbst, weil wir immer Theater spielen – vor uns selbst, vor anderen und vor Gott. Mache ich meine Schattenarbeit *coram publico*, liegt ein Schatten auf ihr. Wir können uns selbst und andern etwas vormachen. Vor diesem Abgrund rettet uns keine religiöse Anstrengung. Im Gegenteil – sie macht das Elend nur noch größer.

Die Demaskierung des elenden Menschen, der versucht, sich den Anschein des wahren Frommen zu geben, indem er sein Elend zur Schau trägt, bringt Licht ins Dunkel und Dunkles ans Licht. Beides bringt die Fastenden in Verlegenheit. Und das ist gut so. Es macht nämlich von Anfang an klar, warum jede asketische Übung auf einen Weg des Scheiterns an sich selbst führen muss – weil der urreligiöse *Versuch*, über den eigenen Schatten zu springen, gleichzeitig die urreligiöse *Versuchung* schlechthin ist. Auf diese Falle werde ich weiter unten (Kap. 11) noch einmal zurückkommen.

8. Ringen um das wahre Fasten

8.1 Die Fastenpraxis der frühen Kirche

Die Konzentration auf das Selbst, die in der Spätmoderne den aszetischen Diskurs beherrscht, kann als Wirkung der Verschiebung angesehen werden, die oben (4.2) beschrieben wurde, dergestalt, dass »die Semantik der Erlösung für die religiöse Selbstbeschreibung der traditionellen Glaubensgemeinschaften immer weniger Prägekraft hat und zunehmend durch Semantiken der Lebensbegleitung und eines innerweltlichen Heil- und Ganzwerdens ersetzt wird«[119].

Soll Fasten als kirchliche und d. h. als soziale Praktik wiederentdeckt werden, ist an diesen Traditionszusammenhang zu erinnern. Er macht geltend, dass das Fasten eine Vorgeschichte hat. In der frühen Kirche wurde der jüdische Brauch übernommen, zweimal in der Woche zu fasten. Prägend für die Folgezeit war die Einführung einer 40-tägigen Fastenzeit in Vorbereitung auf das Osterfest. Die *Großkirche* verbot in der Fastenzeit den Fleisch- und Weingenuss, in den monastischen *Orden* verschärfte man diese Praxis und verzichtete auf Eier, Milch und Käse. »Ihre üblichen Fastenspeisen waren Brot, Salz und Wasser, dazu noch Hülsenfrüchte, Kräuter, Gemüse, getrocknete Beeren sowie Datteln und Feigen.«[120] Wer

---

119 Thomas/Höfner, Erlösung (s. Anm. 52), 1.
120 Grün, Fasten (s. Anm. 103), 10.

8. Ringen um das wahre Fasten

sich für eine Zeitlang abstinent verhält, verzichtet nicht gänzlich auf Nahrung. Man unterschied und unterscheidet bis heute zwischen Vollfasten und einem genussärmeren Speiseplan. Wichtig war in beiden Fällen der *Gemeinschaftsaspekt*. Das Fasten war mehr gemeinsames Wachen und Beten als privates religiöses Werk. Die gemeinsamen Fasttage nannte man »Stationen«. Es waren Zeiten intensiven Gebets, die mit einer Eucharistie abgeschlossen wurden.[121]

Die Christen haben das Fasten nicht erfunden. Sie haben es als fromme Übung der Juden und als therapeutische Praktik der Griechen vorgefunden und dabei die Anschauungen der Philosophenschulen, der Volksmedizin und der Mysterienkulte übernommen. Auf einen kurzen Nenner gebracht: Es war allgemein bekannt, dass Fasten hilft.[122] Fasten war ein wesentlicher Bestandteil der antiken Medizin, zu der religiöse Bezüge selbstverständlich dazugehörten. Um das untergründig religiöse Konzept der volksmedizinischen Fastenpraxis zu verstehen, muss man *dämonologisch* ansetzen. Wir heute lebenden Menschen fragen nach dem Ablaufdatum, damit uns etwas Verdorbenes nicht den Magen verstimmt. Der antike Mensch versteht unter einer Lebensmittelvergiftung etwas anderes. Krankheiten holt man sich beim Essen, Nahrung, die krank macht, bewirkt eine dämonische Kontamination. Moderne Denkart hält Körperliches, Seelisches und Geistiges auseinander, antike Denkart verschränkt das eine mit dem anderen. Gefährlich sind die unreinen, weniger gefährlich die

---

[121] Die Ausrichtung auf die Eucharistie war eine Folge der zunehmenden Sakramentalisierung der Liturgie in den ersten Jahrhunderten der Kirche. Vgl. dazu Michael Meyer-Blanck, Liturgie und Liturgik. Der Evangelische Gottesdienst aus den Quellentexten erklärt, Gütersloh 2001, 101–108.

[122] Grün, Fasten (s. Anm. 103), 14–16.

8. Ringen um das wahre Fasten

reinen Speisen und auch bei den Rauschmitteln ist Vorsicht geboten. Wer sich schützen will, übt sich in Karenz. Fasten kann *präventiv* vor dämonischer Infizierung schützen und zugleich die innere *Abwehr stärken*, wenn nach einer Infektion das Krankmachende ausgeschieden wird.

In der Hygieia, dem Werk des Arztes Galenos von Pergamon (129–199 n. Chr.), ist das Fasten eine therapeutische Maßnahme, um den Ausgleich der Säfte wiederherzustellen. Für die Lehre der Körpersäfte, die die Grundlage der antiken Medizin bildet, ist das *Abführen* ein Mittel zur Reinigung und Regeneration. Es verhilft dem Darm zur Ruhe. Das hat eine Entsprechung im philosophischen Weg zur inneren Freiheit und zum Glück, auf dem eine *geistige Reinigung* und Beruhigung angestrebt wird. Das Training des Leibes unterstützt die Anstrengung des Geistes und *vice versa*.

Dass Fasten eine positive Wirkung hat, war also volksmedizinisch wie schulmedizinisch und philosophisch breit akzeptiert. Athanasius bringt den guten Ruf, den die Fastentherapie unter Christen genießt, schön auf den Punkt:

> »Siehe da, was das Fasten wirkt! Es heilt die Krankheiten, trocknet die überschüssigen Säfte im Körper aus, vertreibt die bösen Geister, verscheucht verkehrte Gedanken, gibt dem Geist größere Klarheit, macht das Herz rein, heiligt den Leib und führt schließlich den Menschen vor den Thron Gottes.«[123]

Insgesamt lässt sich konstatieren, dass von den verschiedenen Wirkungen, die dem Fasten zugeschrieben wurden, im Laufe der Zeit die geistliche und insbesondere der Akzent der Buße den christlichen Usus immer mehr dominierte, während der körperliche und soziale Nutzen eher in den Hintergrund

---

123 Zitiert bei P. R. Régamey, Wiederentdeckung des Fastens (s. Anm. 104), 60.

rückte.[124] Weiterhin zeigte sich schon in der frühen Phase der Fastenpraxis eine Art Zwei-Wege-Ethik, die das kirchliche Leben fortan für Jahrhunderte prägte. Die Tradition der wöchentlichen Fastentage und der Teilabstinenz war für das gemeine Volk, während die rigoroseren Formen vorab im Mönchstum praktiziert wurden. Dass die Form in beide Richtungen Verformungen erfahren hatte, liegt auf der Hand.

8.2 Von der wahren und falschen Sättigung

Es gilt aber fürs Fasten, was für die Entwicklungen im Ensemble der christlichen Lebensform insgesamt beobachtet werden kann: In der strengeren Praxis der religiösen Elite wurde auch die intrinsische Motivation des Fastens bewahrt. Ein wesentlicher Impuls verdankt sich der Einsicht, dass der Nahrungsverzicht eine reinigende Wirkung entfaltet. Fasten reinigt durch Abfuhr. Im leergeräumten Leib hat es wieder Platz für Gesundes. Grün sagt es in Anlehnung an Athanasius so: »Wenn ich auf einen gesunden Leib bedacht bin, muss ich mich um gute Gedanken kümmern.«[125]

In der christlichen Sichtweise ist das Gesunde nicht nur das, was *heilt*, sondern auch das, was *heiligt*. Fasten zielt darauf ab, durch den Verzicht auf *natürliche Ressourcen*, die nähren, den Leib zu den *geistlichen Quellen* zu führen, die heiligen. Der körperliche Nahrungsentzug soll die Seele zum wahren Grund ihrer Gier und Sehnsucht leiten. Erst dann kann sie zur Erfahrung gelangen, dass der tiefste Hunger nur mit Heiligem genährt werden kann. Das Fasten, sagt Grün in

---

124 Stuart George Hall/Joseph H. Crehan, Art. Fasten/Fasttage III. Biblisch und kirchenhistorisch, in: TRE Bd. 33, 1983, 48–59, 54 f.
125 Grün, Fasten (s. Anm. 103), 18.

deutlicher Anspielung auf Augustins Bekenntnis des unruhigen Herzens,

> »[...] hält die Wunde offen, die uns auf Gott hin in Bewegung hält, damit wir nicht vorschnell die Befriedigung unserer Sehnsucht anderswo suchen, bei Menschen oder bei Schönheiten dieser Welt. Das Fasten bewahrt uns davor, unsere Wunde vorschnell zuzudecken, sie vollzustopfen mit Ersatzbefriedigungen. Es lässt uns unsere tiefste Bestimmung leibhaft spüren, dass wir auf dem Weg zu Gott sind und dass nur Gott unsere tiefste Unruhe zu stillen vermag.«[126]

Nach dieser Ruhe des Herzens zu trachten, ist der Herzschlag der monastischen Frömmigkeit, das Fasten *eine* Methode neben anderen, die zur Herzensruhe leiten soll. Das Versprechen der Methode ist freilich mit der Warnung verbunden, dass der Suchende, sollte er sich zu sehr auf den Weg verlassen, auf Abwege geraten, sich verirren und stolpern kann. Ein Irrweg führt zur Prahlerei! Wer stolz auf seine Fastenleistung ist, betrügt sich selbst, weil er seinen Hunger nach Anerkennung mit dem Lob der Menschen stillt.

Das Wissen um die religiös verkleidete Verirrung ist eine jesuanische Mitgift aus der Bergpredigt, eine Warnung, die das monastische Fasten von Anfang an begleitet hat. Das Gedächtnis an die harten Worte des Meisters, der die Frommen seiner Zeit vor Heuchelei und Ruhmsucht warnte, war für die Wüsten- und Kirchenväter ein Anlass, das Fasten eng mit der *Buße* zu verbinden. Ohne dieses *geistige Fasten* macht das körperliche Fasten religiös keinen Sinn, mehr noch, es ist schädlich. Der Benediktiner Anselm Grün hält darum fest, dass sich bei den Kirchenvätern durchweg ein Verständnis des Fastens zeigt, welches die *Einheit* von Leib und Seele voraussetzt.

---

126 A. a. O., 18 f.

8. Ringen um das wahre Fasten

»Es geht ihnen nie nur um die Gesundheit des Leibes, und nie nur um die Heilung des Geistes, sondern es geht ihnen um den ganzen Menschen. Wenn der Mensch richtig lebt, wenn er auf seinen Leib und auf seinen Geist richtig hört, dann lebt er auch gesund. Daher ist das Fasten für die Kirchenväter nie nur eine rein äußere Zucht, ein Werk, das man Gott vorweisen kann, sondern es ist eine Übung, bei der der ganze Mensch in die richtige Verfassung kommen soll. Das körperliche Fasten muss begleitet sein von einem geistigen Fasten, oder besser gesagt: das richtig verstandene körperliche Fasten ist immer schon ein geistiges Fasten. Denn in ihm kämpft der Mensch nicht nur mit seinem Leib, sondern auch mit seinen Leidenschaften und Gedanken.«[127]

8.3 Reformatorische Kritik

Man kann im monastischen Fasten das fromme *Bestreben* sehen, mittels methodischer Beruhigung der existenziellen Herzensunruhe beizukommen. Aber dann hätte man nur die *Intension* der Übung und noch nicht die eigentliche *Intention* erkannt. Denn die Beruhigung der Seele ist Bekenntnis, Gebet und Seufzer zugleich und Ruhe hat als Ziel urmenschlicher Sehnsucht eine existenzielle Bedeutung. Die Beruhigung ist intensiver, *pathetischer Kampf*. Intendiert ist die Ruhe der Seele in Gott, *pathisch erfahrene Gnade*. Das Ringen zielt augustinisch gesprochen auf den Genuss Gottes.[128]

Nun ist es dem reformierten Theologen, der auf den Bahnen Augustins ins Sinnieren über den Sinn des Fastens kommt, gar nicht anders möglich, an dieser Stelle der prinzi-

---

127 A. a. O., 20 f.
128 Zu diesem Begriff Augustins aus »De doctrina christiana« (CCL 32, 1–167; CSEL 80, 3–169). Das »Genießen Gottes« ist als Genuss des höchsten Gutes (*summum bonum*) gleichzusetzen mit der Liebe Gottes als Selbstzweck. Alles andere ist nur Gebrauch, um das höchste Gut zu erlangen.

8. Ringen um das wahre Fasten

piellen Anfragen zu gedenken, die die Reformatoren gegen das monastische Programm der Seelenberuhigung erhoben haben. Rufen wir beim Wiederanknüpfen an den monastischen Exerzitien nicht unweigerlich wieder die alten Geister? Droht hier nicht vom Start weg eine problematische Frömmigkeit, die eine ungesunde Fixierung auf eine methodisch bewirkte Heilserfahrung entwickeln muss?

Ganz gewiss ist es weise, sich an diese (und andere) Fehlentwicklungen zu erinnern, aber wir sollten dabei zweierlei nicht vergessen: Die reformatorische Kritik hat ihren historischen Kontext in der spätmittelalterlichen Frömmigkeit. Sie muss folglich kritisch interpretiert und nicht unkritisch repetiert werden. Vor allem aber werden wir der reformatorischen Kritik zur monastischen Spiritualität nicht gerecht, wenn wir ihre eigentliche Intention, die Hochschätzung der Herzensruhe, unterschlagen. Die Reformatoren haben das Erbe der Alten Kirche nicht verachtet und wussten sehr wohl um den Respekt, den die Mehrheit der Kirchenväter für das Fasten hatte. Im Fokus der Kritik stand nicht die Praktik, sondern eine durch kirchliche Regelung überwucherte Fastenpraxis, die als Fehlentwicklung erkannt und gebrandmarkt wurde. Worin diese bestand, hat Heiko Wulfert in seiner Skizze der Fastengeschichte knapp und prägnant festgehalten:

> »Die Fastensitten, die sich in der Alten Kirche ausgebildet hatten, übernahm die mittelalterliche Kirche des Westens in einer für sie typischen Form. Die befreiende und heilende Perspektive des Fastens wurde in den Hintergrund gedrängt, während die Norm kirchlicher Ordnung im Vordergrund stand. [...] Die Tendenz der mittelalterlichen Kirche zu genauer Definition der Glaubenssätze und legalistischer, kleinteiliger Regelung des geistlichen Lebens findet in den Decretorum libri ihren typischen Ausdruck. Auch die geistliche Übung des Einzelnen im Fasten erscheint damit nicht mehr als eine

freie Disziplin, sondern als eine von der Kirche auferlegte und durch sie regulierte feste Ordnung.«[129]

Wir sehen bei der reformatorischen Fastenkritik, was wir auch bei anderen Themen der Aszetik sehen: das Bemühen, den wahren Kern der Praktik aus der legalistischen und kasuistischen Überformung herauszuschälen. Sowohl Luther als auch Calvin hielten an der Fastenpraxis fest. Und selbst Heinrich Bullinger, der Nachfolger Zwinglis in Zürich, befürwortete das Fasten und vertritt in der *Confessio Helvetica* diesbezüglich eine sehr differenzierte Position:

> »Es gibt ein öffentliches und ein privates Fasten. Öffentliche Fastenzeiten feierte man einst in Zeiten der Heimsuchung und Anfechtung der Kirche. Da enthielt man sich überhaupt der Speise bis zum Abend. [...] Ein Fasten solcher Art soll auch heute in Notzeiten der Kirche gefeiert werden. Für sich selber aber kann jeder von uns ein Fasten auf sich nehmen, je nachdem er fühlt, dass sein Geist ermattet. Dann entzieht er eben seinem Fleisch die entzündliche Gier. Alles Fasten soll aus freiem, bereitwilligem und gedemütigtem Geiste hervorgehen und nicht auferlegt sein, um den Beifall oder die Gunst von Menschen zu erlangen, noch viel weniger dazu, dass der Mensch sich dadurch verdienstliche Gerechtigkeit erwerben will.«[130]

Wichtig ist Bullinger, dass jeder für sich selbst entscheidet, ob er sich auf den Weg des Fastens machen will oder nicht, »je nachdem er fühlt, dass sein Geist ermattet«.

8.4 KAMPF GEGEN LASTER

Für Bullinger ist der *Kampf* gegen die fleischliche Gier das zentrale Motiv, um zu fasten. Er kann dafür auf die neutesta-

---

129 Heiko Wulfert, Verzicht als Bereicherung, in: PTh 112 (2022), 20–33, 27.
130 Heinrich Bullinger, Confessio Helvetica posterior (1566), Kapitel XXIV: Die Feiertage, das Fasten und die Auswahl der Speisen.

mentliche Paränese verweisen. Die Übertragung der militärischen und sportlichen Semantik des Agon-Begriffs auf den Glauben findet sich sowohl in der paulinischen als auch in der synoptischen Tradition. Im Kampf und den damit verbundenen Techniken und asketischen Praktiken übt sich der Christ in der »Selbstsorge«.[131] Aber die Metapher schillert. Sie lässt sich nicht auf eine Methode reduzieren.

Ist vom »Glaubenskampf« (Röm 13,11–13) die Rede, geht es ums Ganze, um Sieg oder Niederlage, also eine apokalyptisch-eschatologische Entscheidung zum Heil oder zum Unheil. Eine andere Bedeutung hat die agonale Motivik, wenn sich Paulus als Wettläufer und Faustkämpfer auf der Zielgeraden zur Siegertrophäe stilisiert (1Kor 9,24–27). Im Blick ist hier eine weisheitliche Haltung, die das Training des christlichen Lebensstils begleitet.[132] In der Paränese nutzt Paulus das Potential der kommunikativen Kraft der Kampf-Metaphorik, um seine apostolische Zuversicht zu illustrieren.

Noch einmal anderes bedeutet der »gute Kampf des Glaubens« (1Tim 6,12), der auf ein *inneres Ringen* verweist. Es ist der Kampf derer, die nach Heiligung streben, um zu einer *Glaubensreife* zu erlangen, die nicht beim ersten Widerstand einer falschen Lehre wieder in die falsche Sicherheit einer gesetzlichen Religiosität zurückfallen soll. Dass dann die (alten) Speisegebote Thema werden, ist kein Zufall!

Das Verständnis vom Glaubenskampf, der sich einerseits *gegen die Laster* und *Leidenschaften* des Fleisches richtet und andererseits *für die Freiheit* des Evangeliums einsteht, gibt dem Streben nach Heiligung seine doppelte, spannungs-

---

[131] Vgl. Michel Foucault, Technologien des Selbst, in: Martin H. Lux u. a. (Hrsg.), Technologien des Selbst, Frankfurt a. M. 1993, 24–62.

[132] Rudolf Bohren, Lebensstil. Fasten und Feiern, Neukirchen-Vluyn 1986, 162.

8. Ringen um das wahre Fasten

volle evangelische Signatur. Und *diese* Verbindung finden wir auch im alten Mönchtum.[133] Die Laster sind die Feinde, die es zu bekämpfen gilt, um *frei* zu werden für Gott. Das Bedürfnis zu essen und zu trinken ist selbstverständlich keine Sünde, aber es kann, wenn es zu einer Leidenschaft ausartet, die das natürliche Maß der Neigungen und Willensrichtungen überschreitet, zur *Sucht* werden, die *gefangen* nimmt. In der Lehre der sieben bzw. ursprünglich acht Laster (auch Todsünden genannt) wird *Völlerei* mit *falschem Essen* und nicht mit dem täglichen Brot in Verbindung gebracht. Wird Fasten als Kampf gegen die natürlichen Bedürfnisse nach Sättigung, sexueller Befriedigung und unternehmerischem Schaffen gesehen, verpasst man die eigentliche Pointe. Anselm Grün betont deshalb zu Recht:

> »Das Fasten darf nicht zu einer Lebensverneinung führen und vor allem darf man nicht aus Angst vor seinen Triebregungen im Fasten gegen sich selbst kämpfen [...]. Es geht vielmehr darum, durch eine gesunde Askese das Gute in uns hervorzulocken und die Triebe zu verwandeln, damit die Kraft, die in ihnen steckt, uns weiterhin zur Verfügung steht. Es geht um eine Zähmung der Triebe, aber um eine sanfte Zähmung, nicht um ein gewaltsames Brechen. Das Fasten will den Trieben das Übermaß und das Ungeordnete nehmen. Nicht die Angst vor dem Essen oder der Sexualität lässt uns fasten, sondern die Hoffnung, dass wir mit unseren Trieben frei umgehen können und nicht die Triebe mit uns.«[134]

Glaubensreife fällt nicht vom Himmel. Sie ist die Frucht der *Einübung eines gottoffenen Lebens*, eine Menschlichkeit, die sich weder in der Überwindung der Unmenschlichkeit noch im Streben nach Übermenschlichem erschöpft. Ein gottoffenes Leben ist darum kein Krampf und kein Kampf gegen sich

---

133 Grün, Fasten (s. Anm. 103), 22–34.
134 A. a. O., 33.

8. Ringen um das wahre Fasten

selbst, sondern ein Verwandeltwerden durch Gottes Geist. In einem menschlichen Leben geschieht immer mehr, als man selbst erlebt, weil Gott in diesem Leben schon am Werk ist. Menschlichkeit erschöpft sich nicht in dem, was Menschen aus sich machen.[135]

Das eigentliche Laster, mit dem es der erfolgreich Fastende zu tun bekommt, wäre demnach der *Stolz* und die eigentliche Tugend, die er anstrebt, die *Demut*. Aber wer demütig sein will und weiß, dass er demütig ist, hat dasselbe Problem wie der Weise, der unbedingt weise sein will und weiß, dass er unglaublich weise ist. Ist Ersterer stolz darauf, nicht stolz zu sein, macht sich der Zweite zum Narr, weil er sich rühmt, kein Narr zu sein. Das führt alle, die den guten Kampf des Glaubens gegen das Fleisch gewinnen wollen, in ein Dilemma, dem sie letztlich nicht entrinnen können.

Anselm Grün zitiert den schönen Spruch eines Wüstenvaters, der die Gefahr der Kriegsführung gegen sich selbst anschaulich vor Augen führt: »Besser ist es, Fleisch zu essen und Wein zu trinken, als in verleumderischen Reden das Fleisch der Brüder zu essen.«[136] In deutlicher Anspielung auf Paulus (Röm 14,21; Gal 5,15) erhebt der Spruch das Verhältnis zum Mitbruder zum Kriterium des rechten Fastens. Wer in der richtigen Haltung und reinen Gesinnung gegenüber dem anderen seine Überlegenheit demonstriert, hat allen Grund stolz zu sein – und den Kampf verloren. Grün sagt es so: »Wenn jemand fastet und dabei stolz wird, hat er das Wesen des Fastens nicht verstanden.«[137]

---

135 Ingolf Dalferth, Auferweckung (s. Anm. 70), 176 f.
136 Grün, Fasten (s. Anm. 103), 28 zitiert aus: Les sentences des pères du désert (III), hrsg. v. Lucien Regnault, Solesmes 1976, 1741.
137 A. a. O., 30.

8. Ringen um das wahre Fasten

Fasten als geistliche Praxis verstanden will das Selbst von sich selbst entlasten – nicht um vor sich selbst und anderen zu brillieren, sondern um von sich selbst abzusehen. Dietrich Bonhoeffer spricht in der »Nachfolge« von der *Selbstverleugnung*.[138] Mir ist der Begriff immer noch zu säuerlich und ich finde es angemessener, weil weniger streng und barmherziger, von der *Selbstvergessenheit* zu sprechen. Später findet Bonhoeffer die wunderbare Formulierung, dass man erst in der vollen Diesseitigkeit des Lebens glauben lernt, »[w]enn man völlig darauf verzichtet hat, aus sich selbst etwas zu machen«[139]. Christliche *Demut* wäre dann das Kennzeichen eines reifen Selbst, das sowohl *Selbstbeschämung* als auch *Selbstaufblähung* hinter sich gelassen und zu jener *Selbstannahme* gefunden hat, die in der gottoffenen Lebensbewegung der Nachfolge erfahren wird. Es ist die lebendige, ja verwegene Zuversicht auf Gottes Gnade, die ein fröhliches, mutiges Selbst voll Lust zu Gott und allen Geschöpfen macht.[140] Wer dann doch die demütigende Erfahrung macht, dass einer der »drei bösen Hunde Undankbarkeit, Stolz oder Neid« zubeißt, spürt vielleicht den Impuls zu fasten, aber *beginnt* bei der Gnade, dort, wo das gottoffene Leben hinstrebt.

---

138 Dietrich Bonhoeffer, Nachfolge, DBW-Band 6, München 1994, 88: »Selbstverleugnung heißt nur Christus kennen, nicht mehr sich selbst, nur noch ihn sehen, der vorangeht, und nicht mehr den Weg, der uns zu schwer ist.«

139 Dietrich Bonhoeffer, Widerstand und Ergebung, München 1998, DBW-Band 8, 542 f.

140 Martin Luther aus der Vorrede zur Auslegung des Römerbriefs, WA 7, 2–26: »Glaube ist eine lebendige, verwegene Zuversicht auf Gottes Gnade, so gewiß, daß er tausendmal drüber stürbe. Und solche Zuversicht und Erkenntnis göttlicher Gnade macht fröhlich, trotzig und voller Lust gegen Gott und alle Kreaturen: das macht der Heilige Geist im Glauben. Daher wird der Mensch ohne Zwang willig und voller Lust, jedermann

8.5 Bussfasten

Wer sich mit der monastischen Lebensform beschäftigt und die Zeugnisse ihrer rigiden Frömmigkeit studiert, stößt unweigerlich auf Irritierendes. Die Irritation soll das Moment der Inspiration nicht auslöschen, die uns in dieser Ausdrucksgestalt des Glaubens begegnet. Befremdlich ist die Sorge, sich zu wenig um sein Heil zu kümmern, inspirierend das Wissen darum, wie der Glaube gepflegt werden kann. Es ist wichtig, in beide Richtungen kritisch zu bleiben. Einerseits gilt es zu sehen, dass der christliche Glaube nichts gegen Praktiken der Selbstsorge einzuwenden hat, die der Gesundheit und Schönheit des Körpers dienen und den Lebensgenuss erhöhen. Andererseits gilt es »einer Verabsolutierung der Zwecke des Fastens, die allein dem eigenen Wohlbefinden und der Selbststilisierung dienen«, zu widersprechen. Dies gibt Ulrike Wagner-Rau zu bedenken. Sie beschreibt das entscheidende Junktim einer christlich verstandenen Fastenpraxis folgerichtig als Korrektur:

> »Vor allem aber korrigiert die christliche Perspektive eine ausschließlich selbstbezogene Haltung der Fastenden, indem sie die Auseinandersetzung mit sich selbst zur Frage nach Gott und der Aufmerksamkeit für die Nächsten in Verbindung bringt.«[141]

Gutes zu tun, jedermann zu dienen, allerlei zu leiden, Gott zu Liebe und zu Lob, der einem solche Gnade erzeigt hat. Daher ist es unmöglich, Werk und Glauben zu scheiden, ja so unmöglich, wie Brennen und Leuchten vom Feuer nicht geschieden werden kann. Darum sieh dich vor deinen eigenen Gedanken und unnützen Schwätzern, die vom Glauben und guten Werken zu urteilen klug sein wollen und dabei die größten Narren sind. Bitte Gott, daß er den Glauben in dir wirke: sonst bleibst du wohl ewiglich ohne Glauben, ob du auch schaffst und tust, was du willst oder kannst.«

141 Wagner-Rau, Fasten (s. Anm. 19), 411 f.

8. Ringen um das wahre Fasten

Ein altmodisches und widerständiges Wort für diese Korrektur heißt *Buße*. Die meisten Theologinnen und Theologen meiden den Begriff. Wer Buße sagt, muss mit Ohren rechnen, die Strafzettel hören. Und wer vom Sünder spricht, der Buße tut und dann aufs Fasten zu sprechen kommt, löst womöglich die Assoziation aus, dass der Nahrungsverzicht im Sinne einer Selbstkasteiung zu interpretieren sei. Die *Korrektur* der christlichen Perspektive, die Wagner-Rau anmahnt, korrigiert darum besser auch die *Karikatur* der Buße.[142]

An theologischen Versuchen, die evangelisch verstandene Buße von den Zerrformen einer weichgespülten und hartgesottenen Buße zu unterscheiden, fehlt es nicht. Buße ist ein heilsames Sich-von-sich-selbst-ab-auf-Gott-Hinwenden, Fasten das Mittel, das die innere Wende unterstützt. Dorothee Sölle spricht von »Selbstunterbrechung« und meint damit ein spezifisches Moment der Fastenerfahrung, wie es durch die bewusste Enthaltsamkeit aktualisiert und aktiviert wird. Selbstunterbrechung ist zugleich Zucht und Freiheit, Handeln und Loslassen, insofern die Fixierung auf das Bedürfnis zu *haben*, also eine Haltung der selbstsüchtigen Habgier, aufgegeben wird. Es gehe darum, ein sinnlich-intensives Verhältnis zu den Dingen wiederzugewinnen, und zwar in der Art und Weise eines »weniger, kleiner, seltener und bewusster«.[143]

Ich denke, es macht Sinn, die Rede von der Buße zu klären, insofern sie belastet, um nicht zu sagen vergiftet ist. Und

---

142 Auf die fundamentale Dimension der Buße muss verwiesen werden, gerade weil das gesetzliche und moralische Missverständnis vermieden werden soll. Das Ziel der Buße ist es, wieder in ein verdanktes Leben zurückzufinden.

143 Dorothee Sölle, Mystik und Widerstand. Du stilles Geschrei, Hamburg 19995, 274–276, 276.

8. Ringen um das wahre Fasten

dazu hat nicht zuletzt auch eine verfehlte Fastenpraxis beigetragen! Umso dringlicher ist es, das, was eine Einbindung des Fastens in den theologisch verstandenen Bußvollzug meint, in der Tiefe und Weite der Bedeutung einer Selbstunterbrechung auszuloten – ohne das Moment der Enthaltsamkeit aufzugeben.

Interessant ist der Vorschlag der katholischen Theologin Barbara Siebenbrunner. Sie plädiert in ihrer Dissertation für eine neue Begründung und Verwurzelung des Fastens in die Bußpraxis und schlägt »Entsagung« als funktionalen Oberbegriff vor.

> »Es ist notwendig, dem zu entsagen, was behindert oder sogar verhindert. Es ist notwendig, dem zu entsagen, was unfrei und befangen macht. Das Verstricktsein in sündige Strukturen kann sich heute im übersteigerten Macht- und Gewinnstreben, in der puren Genusssucht im Essen und Trinken und in der Sexualität, im übersteigerten Drang zur Selbstverwirklichung und im ausschließlichen Profitdenken manifestieren. Die Absage an diese das Heil gefährdenden Verhaltensweisen ist eine wesentliche Dimension von Buße und findet in ›Entsagung‹ einen entsprechenden Terminus. Dieser ermöglicht es, die der Buße zugeordneten Vollzüge Fasten, Abstinenz, Askese, Verzicht und Überwindung in einem Oberbegriff zu subsumieren; Fasten und Abstinenz können als Konkretisierungen der Entsagung erachtet werden. Durch die Entsagung sollen die negativen Strebungen in die nötigen Schranken verwiesen werden.«[144]

Buße als »Entsagung«, wie sie Siebenbrunner hier beschreibt, rückt diese in die Nähe der klassischen Kardinaltugenden des Maßhaltens, der Bescheidenheit und der Demut.[145] Es ist

---

144 Barbara Siebenbrunner, Die Problematik der kirchlichen Fasten- und Abstinenzgesetzgebung. Eine Untersuchung zu dem im Zuge des Zweiten Vatikanischen Konzils erfolgten Wandel, Frankfurt a. M. 2001, 177.
145 Dorothee Sölle, Mystik und Widerstand. Du stilles Geschrei, Hamburg ⁵1999, 274–276, 276.

8. Ringen um das wahre Fasten

nicht das Essen, dem wir entsagen, sondern dem Fressen, nicht der Macht an sich erteilen wir eine Absage, sondern dem *übersteigerten* Machtstreben. Der Kampf gegen die Last, die Entlarvung und Heilung der lebensfeindlichen Gier, ist ein zentraler Bestandteil der Bußpraxis.

Das Fasten bringt die Büßer durch Entsagung in eine Rückwärtsbewegung, Verlangsamung und ein Weniger-Wollen. Allerdings würde man ein zweites Moment der Buße verpassen, wenn es nur dabei bliebe. Dieses zweite Moment ist in Entsprechung zur Entsagung die erwartete *Erfüllung*. Es ist das eigentliche Gegenstück zur Völlerei. Fasten ist nie Ziel! Wäre es das, würde es zur religiösen Magersucht.

Was immer wir tun im Glauben – wir schöpfen aus der Gnade, wenn wir nicht erschöpfen wollen. Gnade ist maßlos, das Glück des Glaubens quillt aus einem überfließenden Füllhorn. Die Gnade verspricht, was nur der radikal liebende Gott versprechen kann, dass der Glaube rettet und nicht das Werk, dass der Glaube zu uns kommt und nicht wir zum Glauben kommen. Die Gnade ist als Inbegriff der göttlichen Liebe nicht etwas, das wir im Kopf begreifen könnten, sondern eine Beziehungswahrheit und deshalb als Herzenssache, die uns ergreift, auch Liebe, die durch den Magen geht.

Kritik der Praktik

9. Fasten im Schlaraffenland

9.1 DÉJÀ-VU

Wir fasten oder festen nicht im luftleeren Raum. Was macht es mit unseren Essensgewohnheiten, wenn Hilfsorganisationen vor der dramatischen Hungersnot am Horn von Afrika warnen? So geschehen nach dem russischen Angriff auf die Ukraine. 36 Millionen Menschen in Äthiopien, Kenia und Somalia seien von der Nahrungskrise betroffen. Um Spenden zu generieren, setzten Hilfsorganisationen wie Care auf Bilder, die berühren und betroffen machen.[146] Meistens sind es Kinder, die dem unfassbaren Leid ein Gesicht geben. Das ausgehungerte Kind ist eine Ikone geworden für den hilflosen Mitmenschen. Was sehen wir in den übergroßen Augen derjenigen, die für stumm verkauft werden?[147]

Mit dem Mitleid kommt das Déjà-vu. Mir kommt der Name »Biafra« in den Sinn. Die gleichnamige Republik war ein Staat, der 1967 unter Federführung der Volksgruppe der

---

146 Vgl. https://www.care.de/medieninformationen/drohende-hungersnot-am-horn-von-afrika-36-millionen-menschen-betroffen/ (Zugriff: 20.11.2022).

147 Isabelle Pfaff, Für stumm verkauft, in: Süddeutsche Zeitung, 23.11.2013. Im Artikel ist von einer norwegischen Organisation die Rede, die klischeehafte Kampagnen mit einem Negativpreis verkauft. https://www.sueddeutsche.de/panorama/kritik-an-spendenkampagnen-fuer-stumm-verkauft-1.1823338/ (Zugriff: 23.11.2022).

9. Fasten im Schlaraffenland

Igbo die Unabhängigkeit von Nigeria erklärte. Es kam zum Bürgerkrieg und infolge des Kriegs zu einer dramatischen Hungersnot, über die in Zeitungen und Bildmedien berichtet wurde. Biafra war (zumindest in meinem Bildgedächtnis) die erste Mitleidskampagne, die das Bild des hungernden Kindes einsetzte.

So zynisch es klingt: Die Strategie funktioniert, weil das Signal des kindlichen Elends emotionalisiert. Ein zerbrechlicher und abgemagerter Kinderkörper ist ein Appell, der bei jedem Menschen, der sein Herz nicht verhärtet hat, Entsetzen und Trauer auslöst. Man gewöhnt sich nicht daran und weiß gleichzeitig, dass solche Kampagnen ein höchst fragwürdiges Bild des Südens vermitteln. Die Zurschaustellung der afrikanischen Hungeropfer zementiert bestehende Klischees und reduziert den materiellen Mangel auf der einen und den Überfluss auf der anderen Seite auf ein Verteilungsproblem.

Was macht es mit unserem Festen und Fasten, wenn die Mitleidssignale der Spendenaufrufe mit den Konsumkampagnen der Nahrungsmittelindustrie konkurrieren; Werbung, die den Konsumenten dazu verlockt, möglichst viel, möglichst gut und – je nach Zielgruppe – möglichst günstig oder möglichst gesund zu essen? Geworben wird selbstverständlich nicht mit fetten, sondern mit gertenschlanken Idealkörpern. Neben den Kleinen, die angeblich froh sind, wenn sie Haribo schlecken und Kinderschokolade naschen, sehen wir junge, gesunde und superfröhliche Models, die sich regelrecht schön essen. Es ist das klischierte Gegenbild zur klischierten Wirklichkeit des Hungers. Wie passt das Fasten in diese bizarre Situation hinein?

Stefan Krauter macht eine Unterscheidung, die hilft, die Funktion der Praktik im Gegenbild richtig einzuordnen. Essverhalten kann man unter dem kulinarischen und kulturel-

9. Fasten im Schlaraffenland

len Gesichtspunkt der Mahlzeit und unter dem basalen Gesichtspunkt der Ernährung betrachten.[148] Bei Ersterem geht es darum, wie, mit wem und wann gegessen wird, bei Letzterem darum, was gegessen wird. Fasten definiert sich in erster Linie als Abweichung von der in der jeweiligen Kultur als normal geltenden Ernährung. »Das heißt aber, der Raum der in einer Kultur verfügbaren und der als normal geltenden Ernährung gibt bereits teilweise vor, wie abweichendes, markiertes Essverhalten überhaupt aussehen kann.«[149]

Wir leben in einer Überflusskultur.[150] Nicht das Überleben, sondern das Erleben, nicht das Ernähren, sondern das Konsumieren bestimmt den Diskurs über das Essen. Während andere Mangel leiden, leiden wir am Wachstumshunger und haben ein Abfallproblem. In der Schweiz verursacht die Ernährung rund 30 % aller Umweltbelastungen und 25 % dieser Umweltbelastungen sind auf vermeidbare Lebensmittelabfälle zurückzuführen.[151]

Das hat Konsequenzen für das Reden über das Fasten: Die Grenzziehungen zwischen normalem Essen und Fasten definieren sich, die Unterscheidung noch einmal aufgreifend, primär über den Aspekt Ernährung. Der Aspekt Mahlzeit ist

---

148 Stefan Krauter, Fasten (s. Anm. 12), 7, zitiert hier: Pauline Schmitt-Pantel, Esskultur, DNP 4 (1998), 149–156, 150.
149 A. a. O.
150 Stephan Lorenz, Überflusskultur und Wachstumshunger. Verausgabungen in Arbeits- und Konsumgesellschaft, in: Christine Bähr u. a. (Hrsg.), Überfluss und Überschreitung: Die kulturelle Praxis des Verausgabens, Bielefeld 2009, 43–58.
151 Vgl. https://savefood.ch/de/das-problem-food-waste.html (Zugriff: 20.11. 2022). Zum Zusammenhang zwischen Umweltzerstörung und Konsum siehe: Mathias Binswanger, Sinnlose Wettbewerbe – Warum wir immer mehr Unsinn produzieren, Freiburg i. Br. 2010 und ders., Wachstumszwang, Weinheim 2019.

jedoch mitbetroffen, weil sich darin, *wie* wir uns ernähren, eine *Lebensweise* manifestieren kann.[152]

9.2 Fasten und Hungern

Beim Nachdenken darüber, welche *religiöse Bedeutung* dem Fasten heute zukommt, sind diese Differenzen und Diskrepanzen mitzuberücksichtigen. Der Verzicht auf Fleisch aus ökologischen Gründen und mehr Austerität im Nahrungsverhalten haben aufs erste Hinsehen wenig mit gelebter Religion zu tun. Wenn aber hier eine extreme Verschwendung und dort eine extreme Mangellage herrscht, werden die Spannungen schärfer wahrnehmbar, die auf die religiös motivierte Abweichung vom ›normalen‹ Nahrungsverhalten zurückwirken. Wie pervers muss das Loblied auf den erlebnisintensiven Verzicht in den Ohren derjenigen klingen, die nichts zu beißen haben?

Ein klischiertes Zwei-Welten-Bild mag die Diskussion der moralischen Implikationen unseres Essverhaltens vereinfachen. Es gibt aber Formen einer Fresssucht, die eher ein Krankheits- als ein Schuldphänomen sind. Es ist sowohl mit Unterbrechungen als auch verborgenen Verbindungen zu rechnen. Was verbindet z. B. den Verzicht, den man aus mora-

---

[152] Stefan Krauter, Fasten (s. Anm. 12), 7 f.: »Wer z. B. in der Antike freiwillig und grundsätzlich keinen Wein trinkt, schließt sich von der Vergemeinschaftung unter wohlhabenden Männern durch gemeinsames reguliertes Betrinken (Symposion) aus. Wer Vegetarier ist, schränkt seine Teilnahmemöglichkeiten am Kult ein. Einen vielleicht entfernt vergleichbaren Effekt von Ernährung auf Mahlzeit hätte heute eine strikt vegane Lebensweise.« Vgl. dazu Stefan Krauter, Bürgerrecht und Kultteilnahme. Politische und kultische Rechte und Pflichten in griechischen Poleis, Rom und antikem Judentum (BZNW 127), Berlin 2004, 14–18.

lischen Gründen übt, mit einer gesundheitlich oder religiös motivierten Verzichtsübung? Ist es verwerflich, wenn man seine eigennützige Diät mit einem gemeinnützigen Fastenopfer koppelt? Oder ist es Gewissensberuhigung, wenn man sieben Wochen ohne Fleisch auskommt? Wie beeinflussen die gemischten Gefühle, die den Fastendiskurs begleiten können, die Fastenpraxis? Und wer diskutiert die Ambivalenzen?

Wenn wir versuchen, die Praktik des Fastens im komplexen phänomenologischen Geflecht der hier nur skizzenhaft aufgespannten Motivlagen und Fragen ethisch zu orientieren, stoßen wir an Grenzen. Man gerät ins Klischieren und fabriziert unweigerlich Kurzschlüsse.

Wer heute fastet und dies als Teil seiner oder ihrer christlichen Glaubenspraxis begreift, kann sich nur bedingt am abweichenden Essverhalten Jesu und seiner Jünger orientieren. In einer Mangelgesellschaft gelten keine anderen Regeln als in einer Überflussgesellschaft, aber die Maßstäbe für das, was zu wenig, knapp, genügend oder zu üppig ist, verschieben sich – auch im Wissen darum, dass sich daran nicht viel und nicht schnell etwas ändern wird. Umso wichtiger finde ich es, *Fasten* und *Hungern* nicht zu vermischen und den Unterschied zwischen Mangel und Verzicht nicht zu verwischen. Wer fastet, nimmt freiwillig ein Hungergefühl in Kauf, wer am Verhungern ist, leidet Not. Kurz: Wer hungert, fastet nicht. Dass Menschen wegen Ernährungsmangel krank werden oder sterben – was in der Welt, in der Jesus lebte, vorkam –, war damals und ist heute eine humanitäre Katastrophe und hat mit der aszetischen Praxis des Fastens oder einer ärztlich verordneten Diät so viel zu tun wie das Ertrinken mit dem Tauchsport.

Wenn wir von solchen Vermischungen absehen, sollen wir dennoch die hintergründigen Verbindungen nicht über-

9. Fasten im Schlaraffenland

sehen. Das *Fastenopfer*, das einen materialen oder symbolischen Nahrungsverzicht mit einer Zuwendung für den Bedürftigen verknüpft, begleitet die Geschichte der Praktik. Wer fastet, spart sich etwas vom Mund ab, ein »Überschuss«, der denen zugutekommen soll, die hungern oder wenig zu essen haben. Fasten konnte (und kann immer noch) mit dem Almosengeben verbunden werden.

Eine zweite Unterscheidung hilft, eine andere falsche Alternative zu vermeiden. Es gibt Menschen, die *gerne* fasten. Für sie ist es eine Übung, die ihnen etwas bringt. Sie verzichten zwar auf Nahrung und Genuss, aber bekommen etwas dafür, dass sie mehr nährt. Sie nehmen das Unangenehme in Kauf, um eine Klärung ihrer Gedanken zu erreichen, eine intensive Gemeinschaftserfahrung zu machen oder den Rausch der Nüchternheit zu erleben. Selbst der Verzicht auf Nahrung kann lustvoll sein.[153]

Im Unterschied zur intrinsisch motivierten und selbstauferlegten Fastenübung, die eine intensive Erfahrung verspricht, ist die ärztlich verordnete Diät Teil einer Therapie oder eine präventive Maßnahme, die Selbstdisziplinierung verlangt. Sie fordert denen, die sich der Anordnung unterziehen müssen, etwas ab. Sie zwingen sich freiwillig. Was dieses Fasten motiviert, ist das Ziel, gesund oder nicht noch kränker zu werden. Das Gesundfasten hilft den Diätpraktizierenden, nach der Diät körperlich Besserung zu erlangen oder – bei einer permanenten Nahrungsumstellung – Schlimmeres zu verhüten. Aufgrund dieser Unterscheidungen schlage ich folgendes Schema zur Einteilung vor (Abb. 1):

---

[153] Lothar Kolmer/Michael Brauer (Hrsg.), Hedonismus. Der gelungene Tag, Wien 2016, 84–97, spricht vom »Hedonismus des zweiten Geschmacks«.

9. Fasten im Schlaraffenland

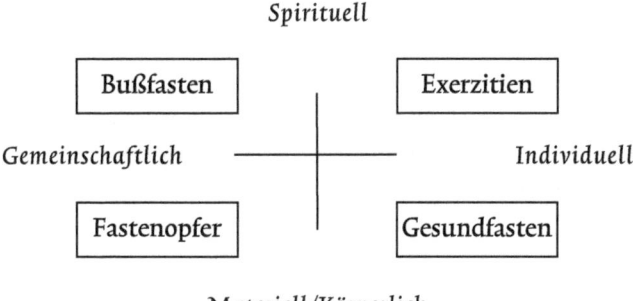

9.3 Die ethische Bedeutung der Laster

Welche Funktion der Lasterkatalog für die Fastenpraxis hat, habe ich im Zusammenhang mit der monastischen Lebensform erläutert (Kap. 7). Ethisch betrachtet, kann der Verzicht als eine *Tugend* und der übermäßige Genuss von Nahrungsmitteln als eine *Sünde* angesehen werden.[154] Was in der traditionellen Sprache »Völlerei« heißt, gilt im Christentum sogar als eine Todsünde.[155] Vom Tödlichen ist im Kontext der Las-terkritik freilich nicht aufgrund gesundheitlicher Bedenken die Rede. Dass ein Reicher seine Kornkammern füllt und meint, er könne mit einer materiellen Reserve seine Seele retten, ist der Inbegriff der Torheit (Lk 12,16–20).[156] Tödlich ist die Gier nicht nur für die Seele des Völlers. Vom Tod bedroht ist

---

154 Essen ist in einer übersättigten Gesellschaft eine Frage des Erlebens und nicht des Überlebens. Vgl. dazu Gerhard Schulze, Die Sünde. Das schöne Leben und seine Feinde, München/Wien 2006.
155 Heiko Ernst, Wie uns der Teufel reitet. Von der Aktualität der 7 Todsünden, Berlin 2006.
156 In Anspielung auf biblische Geschichten, in denen Hungerleidende und unersättliche Gier eine Rolle spielen.

9. Fasten im Schlaraffenland

der Hungerleidende, der das Pech hat, vor dem Haus eines gierigen Menschen zu liegen (Lk 6,19–31).

Völlerei hat noch einmal eine andere Bedeutung mit Blick auf Rauschmittel. Auch hier haben wir kulturell mit einer hohen Varianz zu rechnen, die es schwierig macht, allgemeine Regeln anzuleiten. Das gilt auch in historischer Hinsicht. Zum Beispiel hatte die Grenze zwischen Wasser und Wein in der Antike verschiedene Aspekte, die heute nicht mehr in derselben Weise bedeutsam sind.

> »Wein gilt einerseits, sofern er mit Wasser gemischt und maßvoll konsumiert wird, als gesünder (vgl. 1 Tim 5,23). Andererseits hat er aufgrund seiner Rauschwirkung eine Sonderstellung unter den Nahrungsmitteln. Alkoholabstinenz hat immer auch mit Nüchternheit im metaphorischen Sinne von Selbstkontrolle zu tun (vgl. 1 Tim 3,2. 8.11; Tit 2,2 f.).«[157]

Aus biblischer Sicht spricht allerdings nichts dagegen, sich dann und wann den Bauch vollzuschlagen und einen kräftigen Rausch anzutrinken. Gewarnt wird von einer Fülle, die zur Gewohnheit wird, und in eine Völle kippt, was sich nur Wohlhabende leisten können.[158] Das Fressen, Saufen und Prassen der Reichen im Kontext einer Mangelgesellschaft kann Übelkeit verursachen.

Damit verknüpft ist ein Problem des Luxus, das im Lasterkatalog mit Überdruss bezeichnet wird. Wenn ich etwas satthabe, habe ich es eigentlich übersatt und bin ihm überdrüssig. Was mir aufstößt, stößt mich ab. Also suche ich das

---

[157] Vgl. dazu Christian Schulze, Alkoholkonsum, DNP 12/2 (2002), 889–892; John H. d'Arms, Heavy Drinking and Drunkenness in the Roman World: Four Questions for Historians, in: O. Murray/M. Tecuşan (Hrsg.), In vino veritas, London 1995, 304–317.

[158] Vgl. dazu Peter Altman/Janling Fu (Ed.), Feasting in the Archaeology and Texts of the Bible and the Ancient Near East, Winona Lake 2014.

Feinere, Teurere und Erlesenere. Luxus macht nicht nur gierig. Für jemand, der Mangel leidet, muss beides, der Genuss der Qualität wie der Quantität paradiesisch vorkommen. Wäre es nicht schön, es gäbe ein Land, in dem allen die mühselige Nahrungssuche abgenommen würde?

9.4 Paradise Lost

Das Motiv ist uralt. Die Utopie, dass irgendwo oder irgendwann für alle Luxus herrscht, findet sich schon in der antiken Komödie und taucht als Fantasie in Märchen auf. Dass zu viel des Guten nicht guttut, ist ein zentrales Motiv der populären *Schlaraffenlandgeschichte*. Das Land der Schlaraffen ist das Land der *faulen Affen* und ein Hinweis auf die *Doppelmoral* der Geschichte.[159] Sie nährt den Neid und vertröstet die Zukurzgekommenen, indem es die Frage nach dem Begehren auf die Frage des Erlebens umlenkt.

Was macht es mit den Bewohnern eines Landes, wenn sie den Boden nicht bearbeiten müssen? Wie lebt es sich eigentlich in einem Garten, in dem man nicht verhungern kann? Was unterscheidet einen Menschen, dem alles in den Schoß fällt, von einem Tier, das dahinvegetiert? Wie entwickelt sich das Mängelwesen, wenn kein Mangel mehr herrscht? Aufschlussreich sind die biblischen Motive, die in den fastnächtlichen Schlaraffenland-Erzählungen zu entdecken sind. Der Meistersänger Hans Sachs lässt in den Flussbetten Milch und statt nur Wasser, Honig oder Wein fließen.[160] Die Anspielung

---

[159] Das althochdeutsche »schlur« bedeutet faul. Das »Schlaraffenland« ist eine *utopische Fantasie*, die in der Literatur immer wieder auftaucht.

[160] Der Text von Hans Sachs (1530) ist abrufbar unter: https://www.literatur-welt.com/schlaraffenland-hans-sachs/ (Zugriff: 23.11.2022). Vgl. Dieter

9. Fasten im Schlaraffenland

auf das gelobte Land (Dtn 6,3; Dtn 8,1–18) und an die Hochzeit zu Kana (Joh 2) erinnern im Rückblick an das Paradies (Gen) und im Ausblick an die kommende Welt (Jes 25). Es sind diese protologischen und eschatologischen Utopien, die den Reiz der kontrastierenden Fantasie ausmachen. Die groteske Fülle sprengt die Normalität und kontrastiert den sauren Teil menschlicher Existenz. Jenseits von Eden muss der Erdling im Schweiße seines Angesichts den Acker bebauen (Gen). Träumen nur Narren von einer Welt, in der man sorglos leben kann?

In einer Auslegung von Dtn 8,1–18 verweist Michaela Geiger auf das utopische Motiv im Topos der Landnahme.[161] Das verheißene Land, in dem Milch und Honig fließen (Dtn 6,3; 11,9; 26,9.15), muss nicht urbar gemacht werden. Es hat von allem mehr als man braucht. Selbst Luxusprodukte wie Öl, Granatäpfel und Honig sind in Hülle und Fülle vorhanden. Es ist ein Gegenbild zum Normalfall, der wohl eher darin bestand, sein Brot in Armut zu essen (Dtn 8,9). Im Vergleich mit der Schlaraffenland-Fantasie fällt auf, dass die Israeliten aufgefordert werden, den Reichtum zu vermehren (Dtn 8,9.12.17) und gewarnt werden: »Achte darauf, dass Du JHWH, deinen Gott, nicht vergisst.« (Dtn 8,14)

Damit es nicht so weit kommt, wird das gelobte Land mit einer Gegenlandschaft kontrastiert. Was das Land zu viel hat,

---

Richter, Schlaraffenland. Geschichte einer populären Phantasie, Köln 1984.

161 Vgl. Michaela Geiger, Erinnerungen an das Schlaraffenland, Dtn 8 als Theologie des Essens, in: dies. u. a. (Hrsg.), Essen und Trinken in der Bibel. Ein literarisches Festmahl für Rainer Kessler zum 65. Geburtstag, Gütersloh 2009, 15–32. Eine Zusammenfassung findet sich in: Michaela Geiger, Wenn Schlaraffen segnen. Dtn 8,1–18, in: GPM 76 (2022), 474–480.

9. Fasten im Schlaraffenland

hat die *Wüste* zu wenig. Sie ist lebensfeindlich, dürr und gefährlich. Man geht dort nicht freiwillig hin. Es ist ein Ort, an dem die Wandernden ihr Leben riskieren. Die Israeliten sind nicht aus freien Stücken in der Einöde gelandet – aber in der großen und Ehrfurcht gebietenden Wüste erleben sie die Macht Gottes einerseits als Drohung und andererseits in fürsorglicher Zuneigung (Dtn 8,2.16). Nach Ex 16,12–18 versorgt JHWH Israel morgens und abends mit Manna. »In der Wüste können und müssen die Israelit*innen nichts für ihre Ernährung tun.«[162]

Dass Gott seine Kinder nährt und kleidet, betont eine Abhängigkeit in der Beziehung, in der ein starkes Gefälle zum Ausdruck kommt: »Erkenne in Deinem Herzen: Wie jemand sein Kind erzieht, erzieht Dich JHWH, dein Gott.« (Dtn 8,5) Die Bindung zum Versorger vertieft die Beziehung, aber weckt mit der Zeit auch die Widerspenstigkeit der Versorgten.

In der kunstvollen Ringkomposition des Deuteronomisten ist die Fantasie der Erinnerung an die Wüstenwanderung ein erzählerisches Mittel, um die Adressaten als Israel anzusprechen – vermutlich lebten diese im nachexilischen Juda.[163] Das heißt: Sowohl der Überfluss einer fantastischen Esslandschaft als auch die Phase der maximalen Angewiesenheit in der Wüste sind Fiktionen. Sie haben die Funktion, die Mahnung, Gott nicht zu vergessen, zu unterstreichen. »Vom Schlaraffenland«, so Geiger, »unterscheidet sich das Paradies durch die Gottesbeziehung, die im Zentrum der Beschreibung des Landes steht [...]. Die theologische Pointe des Predigttextes ist Dtn 8,10: ›Und Du wirst essen und satt werden,

---

162 Geiger, Wenn Schlaraffen segnen, 477.
163 A. a. O., 478.

und du sollst JHWH, deinen Gott, für das gute Land segnen, das er dir gegeben hat.«[164]

In diesem Segenskreislauf werden die Menschen nicht nur als Gefütterte und Versorgte angesehen. Sie werden als Gesegnete zu Segnenden, »was die eigene Hand erworben hat«, ist als das zu erkennen, »womit JHWH, dein Gott, dich gesegnet hat« (Dtn 8,17; 12,7). Michaela Geiger zieht das Fazit: »Wenn Menschen ihr eigenes Land als Schlaraffenland erkennen und darüber das Segnen Gottes nicht vergessen, dann hat Dtn 8 sein Ziel erreicht.«[165]

9.5 VÖLLEKRITIK

Segnen ist für Christian Grethlein eine »basale Kommunikationsform des Christseins«, in der »die grundlegende Ausrichtung auf Gott und seine Wirkung am klarsten hervortritt«[166]. Basal ist diese Kommunikationsform, weil sie sich auf die Sehnsucht jedes Menschen nach Wohlergehen bezieht und dabei auch den dunklen Rand, die Gefährdungen des Lebens, den Mangel, den Unfall und die Krankheit thematisiert. Manuela Geiger will im gelobten Land die Figur der Schlaraffenland-Utopie erkennen. Ich komme zu einem anderen Schluss.

Denn das Bild der Sorglosigkeit kippt in der Schlaraffenland-Fantasie in eine Parodie. Die ersehnte Gegenwelt wird, wenn von einem »Berg mit Hirßbrey« erzählt wird und davon, dass alle Tiere bereits vorgegart und mundfertig durch die Luft fliegen, ins Lächerliche gezogen.[167] In der schönen an-

---

164 Ebd.
165 A. a. O., 480.
166 Grethlein, Lebensform (s. Anm. 63), 168–182, 169.
167 Richter, Schlaraffenland (s. Anm. 160), 28.

9. Fasten im Schlaraffenland

deren Welt bestehen die Häuser aus Kuchen und statt Steinen liegt Käse herum. Die verkehrte Welt bringt auch das Wertgefüge der Bewohner des Schlaraffenlands zum Kippen: Genießen ist die größte Tugend, harte Arbeit und Fleiß werden als Laster betrachtet. Wir sind in einer Gegenwelt, in einer Narrenposse gelandet. Nichts gilt mehr, alles geht. Eine erste Fantasie der Blumenkinder findet hier Gestalt.

Es ist das Motiv des ungezügelten Lebens, wie es im Fastnachtspiel des 15. Jahrhunderts gehäuft auftrat und – zum Beispiel 1494 vom Humanisten Sebastian Brant – mit einer harschen Kritik am verweltlichten Klerus und gierigen Adel aufgegriffen wird.

Für die Menschen damals hatte das Bild des Schlaraffenlandes eine besondere Faszination. Hungerzeiten kamen häufig vor. Arbeit galt als Plage, der man sich um des nackten Überlebens willen unterziehen musste. Für Menschen, die ein Leben führten, das kaum Zeit für Muße ließ, war der Müßiggang ein Privileg, das nur den Adligen zustand. Das Schlaraffenland changiert zwischen der Utopie der glücklichen Sättigung und der Warnung vor Völlerei und ungezügeltem Triebleben.[168] In der Parodie wird die Hoffnung auf ein Gefüttert- und Versorgtwerden als naiver Wunsch der Hungerleidenden entlarvt – die primäre Religionserfahrung wird durch eine sekundäre Kritik ins rechte Licht gerückt. Die Moral der Geschichte ist zwiespältig. Zum »Schön wär's!« kommt die Warnung: »Du hättest es schnell satt!«

Wir wissen vom Schlaraffenland, weil es eine kontinuierliche Tradition von Texten und Bildern bis ins 19. Jahrhundert gibt. Im bürgerlichen Zeitalter dienten die Bilder der Durch-

---

168 Graham D. Caie/Norbert H. Ott, Schlaraffenland, in: Lexikon des Mittelalters, Bd. 7, München/Zürich 1995, Sp. 1477–1479.

9. Fasten im Schlaraffenland

setzung des bürgerlichen Leistungsprinzips. Faulenzer und Nichtsnutze sind dekadent. Nur wer arbeitet, taugt zu etwas, nur wer sein Brot selbst verdient hat, kann es genießen.

Später wandelt sich das Motiv. Bei den Brüdern Grimm dreht sich das Märchen vom Schlaraffenland weniger um die kulinarischen Extravaganzen, die den Übersättigten zum Hals heraushängen. Es geht im Märchen um das grotesk andere. Ein Hauch von Dada und Surrealismus liegt in der Luft.

> »In der Schlaraffenzeit, da ging ich und sah, an einem kleinen Seidenfaden hing Rom und der Lateran, und ein fußloser Mann, der überlief ein schnelles Pferd, und ein bitterscharfes Schwert, das durchhieb eine Brücke. Da sah ich einen jungen Esel mit einer silbernen Nase, der jagte hinter zwei schnellen Hasen her, und eine Linde, die war breit, auf der wuchsen heiße Fladen. Da sah ich eine alte dürre Geiß, trug wohl hundert Fuder Schmalzes an ihrem Leibe und sechzig Fuder Salzes. Ist das nicht gelogen genug? Da sah ich zackern einen Pflug ohne Roß und Rinder, und ein einjähriges Kind warf vier Mühlensteine von Regensburg bis nach Trier und von Trier hinein in Straßburg, und ein Habicht schwamm über den Rhein: das tat er mit vollem Recht. Da hört ich Fische miteinander Lärm anfangen, daß es in den Himmel hinaufscholl, und ein süßer Honig floß wie Wasser voll einem tiefen Tal auf einen hohen Berg; das waren seltsame Geschichten. Und im Hof standen vier Rosse, die droschen Korn aus allen Kräften, und zwei Ziegen, die den Ofen heizten, und eine rote Kuh schoß das Brot in den Ofen. Da krähte ein Huhn ›Kikeriki, das Märchen ist auserzählt, kikeriki‹.«[169]

Was haben die Schlaraffen mit dem temporären Nahrungsverzicht zu tun? Die fantasierte Völlerei muss im *fastnächtlichen* Zusammenhang betrachtet werden. So wie das Fasten das asketische Gegenstück zum hedonistischen Luxus ist, steht der Fastnachtsbetrieb für die Gegenwelt zu Ordnung

---

169 Jacob Grimm/Wilhelm Grimm, Kinder- und Hausmärchen, Berlin 1812–1815, hier Nr. 158.

9. Fasten im Schlaraffenland

und Disziplin. Einmal ist es die Zucht durch Kompression und das andere Mal die Wucht der Kompensation, die die Welt auf den Kopf stellt. Das traditionelle Gefüge ändert sich, wenn das Fasten von jeder Form der erzwungenen Abstinenz Abstand nimmt. Wenn die Fastenden fasten, weil sie sich eine Zeit des geistlichen Rückzugs gönnen, ist die Nacht vor dem Fasten schon ganz der Vorbereitung gewidmet. In übersättigten Zeiten sind Fasten und abweichendes Nahrungsverhalten ein Luxus der anderen Art oder man möchte beinahe meinen, endlich religiös geworden.

Doch weder die Religiosität noch die Moralität im Spannungsfeld von Hunger und Völlerei ist einfach so auf den Nenner zu bringen. Unterschieden werden kann auch das spontane Fasten, das einem Gebetsanliegen größere Kraft verleihen soll, von einem regelmäßigen Fasten an festgesetzten Tagen. Fasten kann auf bestimmte Genussmittel (Wein) eingeschränkt oder auf bestimmte Handlungen (Sexualität) ausgedehnt werden. Fasten kann einzeln oder als Gruppe durchgeführt werden. Und weil im unersättlichen Wunsch, sich immer vollfressen zu müssen, eine perverse Sehnsucht am Werk ist, meldet sich die Psychologie zu Wort. Was sich in eine Sucht verkehren kann, verweist auf einen Hunger, der therapeutisch behandelt werden soll. Aber es gibt nicht die Therapie. Was ist mit denen, die verlernt haben, das Leben in vollen Zügen zu genießen? Den Hungerleidenden ein Fasten aufzuerlegen, wäre zynisch, die Nimmersatten zur Mäßigung zu ermahnen, zu wenig.

Das rechte Maß für Mäßigung zu finden, ist das konstruktive Ziel der Fastenkritik, die ethisch sensibel und aszetisch skeptisch bleibt. Sie hat im Protestantismus eine lange Tradition. In Zürich war der Protest gegen das obrigkeitlich verordnete Fasten gewissermaßen eine prophetische Zeichen-

9. Fasten im Schlaraffenland

handlung. Das Wurstessen bei Froschauer hat als vorzeitiger Fastenbruch Geschichte gemacht.[170] Was im Rückblick auffällt, ist der Abschied von der kollektiv geübten Praxis, was bei einer konfessionell enggeführten Sicht der Befreiung vom Fastenzwang herausfällt, ist die neugewonnene Freiheit zum Fasten. Protestanten *durften* und *dürfen* weiterhin fasten. Und dieses Fasten blieb und bleibt bis heute im Spannungsfeld einer Praktik, die gegen die Übersättigung antritt und einer Kritik, die für die Hungrigen eintritt. *Fastenkritik* und *Fastenpraktik* schließen sich nicht aus.[171] Während die Kritik sich gegen den Zwang richtet, hat die Praktik einen Drang zum Gebet. Also hat die Kritik Gerechtigkeit und die Praktik Spiritualität im Sinn. Recht verstandenes Fasten ist Beten, das durch den Magen geht.

---

170 Albrecht Beutel, Wurst und Wort. Der 9. März 1522 als ein zweifach epochales Datum der Reformationsgeschichte, in: ThLZ 2022/3, 159–176.
171 Und das gilt auch für das Festen und die Festkritik. Die Freiheit des Glaubens unterscheidet das erzwungene Essen als *Völlerei* vom dankbaren Genuss des Essens als *Fest*.

10. Verzichten und Verdanken

10.1 THE JOY OF MISSING OUT

Im Zusammenhang mit digitalem Fasten habe ich die schöne Formel »The Joy of Missing out«[172] entdeckt. Das Kürzel JOMO steht für die Umkehrung der Angst, etwas zu verpassen, »The Fear of Missing out«. Diese Angst wird vom Versprechen der Konsumindustrie gefüttert, dass es immer irgendwo noch eine bessere Option gibt. Allwissende Suchmaschinen helfen, das Optimum zu finden. Wer sucht, der findet und wer anklopft, dem wird aufgetan. Aber wer eintritt und sich entscheidet, dem entgeht die Möglichkeit, ein schöneres Haus, das perfektere Date oder das optimale Preis-Leistungs-Verhältnis zu entdecken. Und aus dem Versprechen wird die Versessenheit, den Schatz zu finden, der sich von denen finden lässt, die die Mühe nicht scheuen, weiter im Acker zu buddeln.

Der vorübergehende Verzicht auf das Medium, das mich mit diesem Versprechen in einer permanenten Erwartungshaltung festhält, kann enorm entlasten. Eine JOMO-Erfahrung zu machen ist, als ob einer sagen würde: »Kommet her zu mir alle, die ihr mühselig und beladen seid, ich will euch die ›Freude am Verpassen‹ schenken.« Selbstpsychologisch ge-

---

172 Julie H. Aranda/Safia Baig, Toward »JOMO«: The Joy of Missing out and the Freedom of Disconnecting. ACM, New York 2018.

10. Verzichten und Verdanken

sprochen, bin ich es, der mir so zuspricht. Die Erfahrung der Selbstwirksamkeit ist die emotionale Belohnung, die ich mir hole, wenn ich dem Sog des besten Schnäppchens, das mich im Kreis herumjagt, ein Schnippchen schlage. Menschen, die fasten, verzichten auf *Gutes*, das sie normalerweise genießen. Das kann *gesund* sein: Weil das Gute ihnen vielleicht nicht gut bekommt, weil sie es zu häufig und in zu großen Mengen konsumieren. Aber das ist nicht der entscheidende Punkt, um den es geht.

Beim Verzicht kommt es so oder so irgendwann – bei einer längeren Fastenzeit sind es die ersten Tage – zu einer *unangenehmen Erfahrung*. Etwas, das *Lust* bereitet, fällt weg. Weil es vermisst wird, stellt sich eine *Unlust* ein, die zu schaffen macht. Unser Magen und unser Darm haben ein enormes Potenzial, Stimmung zu machen. 90 % des körpereigenen Serotonins wird im Darm produziert. Beim Fasten bekomme ich es nicht nur mit meinen Eingeweiden zu tun. Es geht ans emotional Eingemachte. Bevor ich eine JOMO-Erfahrung mache, macht sich Missmut breit. Ist das der Punkt, an dem ich meinen Sinnhunger spüre?

Man muss nicht fasten, um Lust zum Beten zu spüren, aber das Fasten, dass zur christlichen Lebensform gehört, will zum Beten leiten. Aber auch das kann ins Auge gehen. Wer fastet, um *coram publico* einen religiösen Achtungserfolg einzuheimsen, geht leer aus. Problematisiert wird in der Schlüsselstelle der Bergpredigt (Mt 6,16–18) die kommunikative Funktion des Nahrungsverzichts. Stefan Krauter deutet die Rede so:

> »Wer anderen *menschlichen* Kommunikationspartnern durch sein körperliches Auftreten zeigt, dass er fastet, ist ein Heuchler. Weder das Fasten noch die Idee der Verdienstlichkeit des Fastens wird hier abgelehnt. Auch die Idee, das religiöse *commitment* mithilfe von Nah-

rungsverzicht zu demonstrieren, wird nicht generell kritisiert, sondern nur gegenüber menschlichen Kommunikationspartnern. Gegenüber Gott kann man sehr wohl die Ernsthaftigkeit des Glaubens durch Fasten erweisen. Nur sind erfolgreiche Kommunikation gegenüber Gott und Kommunikation gegenüber Mitmenschen hier als einander ausschließend gedacht.«

Man könnte es auch so sagen: Die Pointe der jesuanischen Fastenkritik ist bei Lichte betrachtet eine *Gebetskritik*. Deren Essenz bringt Karl Barth auf einen einfachen Nenner: »Gebet ist kein Gebet, wenn man dabei einem anderen als Gott etwas sagen will.«[173] Positiv formuliert: Der »Lohn«, den Jesus in der Bergpredigt verheißt, besteht darin, dass Gott mich sieht und in mein Verborgenes schaut.

Das ist in Lk 18,12 nicht anders: Der Pharisäer weist dort im leisen Gebet zwar nur Gott auf sein zweimaliges Fasten pro Woche hin und nicht umstehende Menschen.

»Allerdings kontrastiert er sich dabei selbst mit dem Zöllner, d. h. in seiner Kommunikation mit Gott sind menschliche Kommunikationspartner anwesend, wenn auch nur virtuell. Nicht die Fastenpraxis, nur diese Verwendung, mit ihr Gott die Aufrichtigkeit des Glaubens *im Gegenüber zu anderen* demonstrieren zu wollen, wird getadelt. Der Zöllner kommuniziert ausschließlich mit Gott. *Darum ist diese Kommunikation erfolgreich*, auch wenn sie ›nur‹ aus Worten, Mimik und Gestik besteht.«[174]

10.2 Wie Praktiken helfen, in Form zu bleiben

Miroslav Volf und Matthew Croasmun haben 2019 in einem theologischen Manifest unter dem Titel »For the Life of the World« die These vertreten, dass sich die christliche Theologie

---

173 Karl Barth, KD III/4, 1951, 96.
174 Stefan Krauter, Fasten (s. Anm. 12), 15.

10. Verzichten und Verdanken

»verlaufen hat«.[175] Der Haupttitel verweist auf ein Ziel, das insbesondere die akademische Theologie aus den Augen verloren hat. Wir fragen nach dem Leben der Welt. »For the Life of the World« ist auch der Titel eines Buches, das Alexander Schmemann 1963 geschrieben hat und seither zehnmal neu aufgelegt worden ist.[176] Schmemann ist der Doyen der Liturgietheologie in den USA, ein Brückenbauer, der das Erbe der Ostkirche über Frankreich in den Westen getragen hat und für eine integrative Sicht des Gottesdienstes als der Lebensform des Glaubens und eines Sakraments für die Welt eintritt. »For the Life of the World« ist aber auch ein Bibelzitat, ein Wort aus dem Johannesevangelium (Joh 6,33), das die Sendung Christi zum Inhalt hat. Für Volf und Croasmun kommt darin die Zielbestimmung der Theologie zum Ausdruck.

> »Die Hauptthese dieses Buches ist, dass die Theologie dem erfüllten Leben dienen sollte, das wir beispielhaft in der Geschichte von Jesus Christus finden und in der großen Verheißung, dass die ganze Welt Gottes Wohnung werden wird, angedeutet wird. Einfach und mit den Worten eines der einflussreichsten Fachleute der Theologie ausgedrückt, ist christliche Theologie der Glaube, der Einsicht sucht.«[177]

Die entscheidende Frage ist: »Was ist das wahre, erfüllte Leben, und wie können wir es leben?«[178]

---

175 Volf/Croasmun, Für das Leben der Welt (s. Anm. 82), 11.
176 Alexander Schmemann, For the Life of the World, New York 1998. (Das Buch ist downloadbar unter: https://www.google.com/search?client=firefox-b-e&q=schmemann+for+the+life+of+the+world / Zugriff: 29.03.2023). Schmemann folgt dem Ansatz lex orandi-lex credendi-lex agendi. Liturgietheologie ist die Verbindung von Dogmatik und Ethik und zielt darauf ab, die Trennung von heilig und profan, von materiell und spirituell, von Gottesdienst und Dienst an der Welt zu überwinden. »Ein Christ ist einer, der, wohin er auch schaut, überall Christus findet und in ihm sich erfreut.«
177 A. a. O., 131.

10. VERZICHTEN UND VERDANKEN

Man *muss* weder fasten noch nach Santiago pilgern, um ein erfülltes Leben zu leben. Es geht auch ohne. Eine andere Frage ist, ob gerade diese Praktiken, weil sie auch in anderen religiösen und außerreligiösen Kontexten geübt werden, für die Suche nach einer christlichen Lebensform im Hier und Heute wertvolle Impulse geben können und ob sie, gerade weil sie die Fülle maßvoll reduzieren, uns helfen, in Form zu bleiben. Es ist *das* Thema des Fastens. Aber spricht nicht alles gegen eine solche Kombination von Fasten und Festen? Steht die Einladung, die sagenhafte Fülle zu genießen, nicht im Kontrast zur geforderten Entsagung?

Auch wenn es zunächst kontraintuitiv erscheint, ausgerechnet eine Übung der Enthaltsamkeit mit der Vision des erfüllten Lebens zusammenzudenken, komme ich immer mehr zur Überzeugung, dass die Kritik des exzessiven Konsums mit der Frage nach der Genussfähigkeit gekoppelt werden muss. Das Genießenkönnen ist ein Ziel der gepflegten *Verzichtpraxis*, vielleicht das entscheidende Bindeglied, um das Entsagen vor dem Versagen zu bewahren. Das ist die kritisch-konstruktive Funktion des guten Lebens. Wird die Praktik des Verzichtens für die Lebensform so zentral, dass sie das Genießen verbietet, kann sich ein religiöser Sog entwickeln, der das Proprium der Evangeliumskommunikation in der Triade von Feiern, Helfen und Lernen verpasst. Die Praktik wechselt dann vom Heilmittel zum Heilsmittel.

10.3 DAS LEBEN VERDANKEN

Warum kam in der Reformation das Fasten unter Verdacht? Was spricht gegen eine kollektive Übung der Mäßigung? Der

---

178 A. a. O., 17.

10. Verzichten und Verdanken

protestantische Reflex antwortet: Weil wir nicht durch Werke und Bußübungen gerechtfertigt werden. Die Antwort ist nicht falsch, aber kurzschlüssig. Was uns heute in die Quere kommt, ist die mehr oder weniger verdeckte »Werkgerechtigkeit«, die sich mit den zwei wichtigsten Körperdisziplinierungspraktiken der Antike verbindet.

Sowohl die *Diät* als auch die *Gymnastik* sind Grundlagen einer gesunden Lebensweise, die auf Beherrschung, Mäßigung und Training setzen. Das Ziel jeder Selbstdisziplinierung ist die Steigerung oder Optimierung der eigenen Leistung oder Ausdauer. Das macht Aszetik verdächtig, aber gleichzeitig auch im doppelten Sinne des Wortes attraktiv! Wer Maß hält, bleibt in Form, wer sich selbst kontrolliert, behält die Kontrolle über andere, wer sich stählt, hält länger durch. Macht, Einfluss, langes Leben, Schönheit und Ansehen, die Versprechen der Aszetik sind der Lohn für die Mühe und die Verheißung für alle, die im Schweiße ihres Angesichts trainieren und auf Schokolade verzichten.

Das wirft noch einmal ein Licht auf die Rezeption biblischer Texte und den Versuch, ihre Aussagen für eine christliche Lebensform heute nutzbar zu machen.

Ist es verwerflich, durch intensives und methodisches Streben *Vollkommenheit* anzustreben? Es lohnt sich meines Erachtens, die geistlichen Praktiken nicht pauschal unter den Werkgerechtigkeitsverdacht zu stellen. Nicht das asketische Mittel der Übung wird im Neuen Testament infrage gestellt. Wir realisieren vielmehr, dass ein simples Entweder-oder nicht zielführend sein kann.

Die Korrektur der missverstandenen reformatorischen Fastenkritik setzt am selben Punkt an. Sie kritisierten nicht nur das falsche Fasten, sondern befürworteten das richtige Fasten.

10. Verzichten und Verdanken

Die Warnung vor dem falschen Verzicht kann auch als Ermunterung gelesen werden, eine *Kultur der Mäßigung* zu entwickeln, die sich sowohl von den Auswüchsen der Selbstoptimierung als auch von der Verwöhnung und Verwahrlosung abhebt. Letztlich will der Fastende das Essen ehren und verdanken.

> »Alles, was Gott geschaffen hat, ist gut (1. Mose 1,31) und ohne Unterschied, jedoch in der Furcht Gottes und mit rechtem Maß zu gebrauchen. Denn der Apostel sagt: ›Den Reinen ist alles rein‹ (Tit. 1,15). Ebenso: ›Alles, was auf dem Fleischmarkt verkauft wird, esset, ohne um des Gewissens willen etwas zu untersuchen‹ (1. Kor. 10,25). Derselbe Apostel nennt die Lehre derer, die ›gebieten, sich von Speisen zu enthalten‹ ... ›eine Lehre von Dämonen‹. Denn die Speisen habe Gott für die, welche gläubig sind und die Wahrheit erkannt haben, geschaffen, ›damit sie mit Danksagung genossen werden. Denn alles von Gott Geschaffene ist gut, und nichts ist verwerflich, wenn es mit Danksagung empfangen wird‹ usw. (1. Tim. 4,1 ff.).«[179]

Mit Bullinger halten wir fest: Wir müssen nicht fasten, um heiliger zu werden, aber wir erfahren die Gnade des Daseins intensiver, wenn wir von Zeit zu Zeit das Fasten üben. Es geht uns besser dabei. Wir stärken den Hunger und den Durst nach Gerechtigkeit, wenn wir für andere und nicht nur für uns selbst fasten. Es soll ihnen besser gehen. Der Wunsch, vollkommener zu werden, ist nicht falsch – wenn vollkommen zuallererst heißt, sich jener Fülle zu nähern, die uns unsere Unvollkommenheit bewusster und dankbar werden lässt. Fasten ist so gesehen immer auch eine Selbstkonfrontation, eine Übung der Dezentrierung, bei der wir merken, wie »schwach unser Fleisch ist«, aber auch realisieren, dass es uns besser geht, wenn wir nicht vom Schlaraffenland träumen.

---

179 Bullinger, Confessio Helvetica (s. Anm. 130).

11. Versuchungen

11.1 Die Seele, der Bauch und die Gurgel

Die Unterbrechung der Nahrungsroutine geht schnell ans Lebendige. Denn Fasten hat mit dem »Bauch« zu tun. Fällt das Essen aus, trifft uns das im Mark, dort, wo wir weich sind und weich werden. Hunger und Durst sind die elementarsten körperlichen Signale unserer Bedürftigkeit und Schwachstelle unserer Leibexistenz. Wenn wir fasten, herrscht im Kraftwerk des Körpers, wo Festes und Flüssiges in *Energie* umgewandelt wird, Krise. Wir »wissen« mit jeder Faser und jeder Schicht unseres Wesens, dass wir uns ernähren *müssen*. Ein betriebsinternes »Stromnetz«, das *sympathische und parasympathische Nervensystem*, verbindet alles mit allem und kümmert sich um den aktiven und ruhenden Organismus. Es macht, dass das Herz bei Bedarf schneller und kräftiger schlägt und erweitert, wenn es sein muss, die Atemwege. Es hemmt oder aktiviert, wenn nötig, die Darmtätigkeit, kurbelt verschiedene Stoffwechselvorgänge an und sorgt wieder für Entspannung. Weitgehend autonom funktioniert das enterische Nervensystem, das die Bewegung des Darmes bei der Verdauung reguliert. Und dann sind noch die Gefühle da. In den Eingeweiden rumort es, wenn wir *emotional* werden, ein leerer Magen macht schlechte Laune und Leid schlägt auf den Magen.[180]

---

[180] Der Neurowissenschaftler António Damásio unterscheidet zwischen Emo-

11. Versuchungen

Diese »Schwäche des Fleisches« erleben wir als Macht. Sie kann den »willigen Geist« (Mt 26,41) überwältigen und als Begierde den Menschen verführen, für sich selbst und nicht für Gott zu leben – mit tödlichen Konsequenzen (Röm 8,13). Ist der Lebenshunger mächtiger als der Gottesdurst, kommt die Seele nicht zur Ruhe.

Die metaphorische Weitung der Krisensymptome, die mit dem Nahrungsmangel auftauchen, sind Kernelemente der biblischen Anthropologie. Dass die Näfäsch, das Wort, das im Deutschen mit Seele übersetzt wird, eigentlich Kehle, Gurgel, Schlund oder Hals bedeutet, verweist auf die Verbindung zum Bauch! Was wir Seele nennen, ist auch Speiseröhre und für Hebräer das *vitale Selbst*. Wie andere Körperorgane hat die Kehle im Bibelhebräischen als quasiselbständiges »Aktivitätszentrum« Funktionen, die nach modernem Verständnis der ganzen Person zuzuordnen sind.[181] Der Näfäsch ist Appetit, Hunger und Durst, aber auch der Überlebens- oder der Sexualtrieb zugeordnet. Und das macht, wie Silvia Schroer und Thomas Staubli es ausdrücken, die »näfäsch [...] zum Symbol des bedürftigen, begehrenden Menschen«[182].

Eine Schlüsselstelle für die anthropologische Bedeutung der Bedürftigkeit findet sich in der Schöpfungsgeschichte.[183]

---

tion und Gefühl. Emotionen, sagt er, seien körperliche Reaktionen, die auf einen Reiz folgen und nach außen sichtbar sind; Gefühle hingegen entstünden, wenn das Gehirn die Reaktionen des Körpers analysiert und bewusst wahrnimmt.

181 Bernd Janowski, Die lebendige næpæš. Das Alte Testament und die Frage nach der »Seele«, in: Gregor Etzelmüller, Annette Weissenrieder (Hrsg.): Verkörperung als Paradigma theologischer Anthropologie, Berlin/München/Boston 2016, 51–94.

182 Silvia Schroer/Thomas Staubli, Die Körpersymbolik der Bibel, Darmstadt 1998, 66.

183 Vgl. Konrad Schmid, Schöpfung im Alten Testament, in: Konrad Schmid

11. Versuchungen

Sie führt uns im Gewand des Mythos den Grund für die Verführbarkeit des Menschen vor Augen. Die Ausgangslage, um wunschlos glücklich zu sein, wäre im Paradies eigentlich günstig. Adam und Eva wohnen in einem Garten, sie sind nicht allein und haben alles, was es braucht zum Überleben. Sie müssen nicht viel mehr leisten als faule Affen.

Aber dann taucht ein Wesen auf, das nackt ist und bei den Menschen ein Begehren weckt. Angesprochen wird das vitale Selbst des Menschen. Es soll, so der Vorschlag, durch den Genuss einer besonderen Frucht ein anderes Bewusstsein seiner selbst bekommen und wie Gott um »gut« und »böse« wissen. Die Aussicht auf dieses Wissen und das Versprechen einer neuen Identität ist zu verlockend, um zu widerstehen. Die Schlange sagt: »Nehmt und esst!« Und Eva und Adam erliegen der Versuchung.

Interessant ist die Bestrafung der Verführerin: »Da sprach Gott der HERR zu der Schlange: Weil du solches getan hast, seiest du verflucht vor allem Vieh und vor allen Tieren auf dem Felde. Auf deinem Bauch sollst du gehen und Erde essen dein Leben lang.« (Gen 3,14)

Anders als der Erdling, der die Erde im Schweiße seines Angesichts bebaut, um die Früchte seiner sauren Arbeit zu ernten, ist die Schlange dazu verurteilt, Erde zu *fressen*. Ihre Bodennähe wird zum Urbild des *Unreinen*, das der Mensch nicht essen soll (Lev 11,42). An urtümlichen Zusammenhang erinnert auch das Bild der Not, das in der Klage auftaucht. Wenn der Segen ausbleibt und das Leben wie ein Fluch erscheint, ist »unsere Seele [...] gebeugt zur Erde; unser Bauch

---

(Hrsg.), Schöpfung, Tübingen 2012, 92 f.; Bernd Janowski, Anthropologie des Alten Testaments. Grundfragen – Kontexte – Themenfelder, Tübingen 2019, 416–419.

klebt am Erdboden« (Ps 44,26). Schließlich ist die Bauchmacht auch ein Bild des moralischen Versagens. »Der Gerechte isst, dass seine Seele satt wird; der Gottlosen Bauch aber hat nimmer genug.« (Spr 13,25) Dass der Hunger des Gerechten gestillt wird, wirft Licht auf das Ideal des lebenssatten Sterbens; dass der Gottlose ein Nimmersatt ist, einen Schatten auf die Lebensgier.

Also ist nicht das Begehren an sich, sondern die *Unersättlichkeit* problematisch. Sie, die hoffnungslos verfressen sind, haben nicht verstanden, dass »die Speise dem Bauche und der Bauch der Speise ist, aber Gott diesen und jene zunichtemacht« (Phil 3,19).

Satt sein wollen ist etwas zutiefst Menschliches. Nichts daran ist falsch. Und was uns sättigt ist rein. Die Verführung zur Unersättlichkeit kann die *Triebe* anfachen oder den *Stolz* kitzeln, das Animalische abrufen oder zu Höherem berufen, primitiv reden oder Schönes versprechen. Für Paulus sind Verführer Leute, die »nicht unserem Herrn Christus [dienen], sondern ihrem Bauch, und mit ihren schönen Reden und ihrer Salbung betrügen sie die Herzen der Arglosen« (Röm 16,18).

Erzählt die Geschichte vom Menschen, der sich im Paradies den Bauch vollschlagen konnte und trotzdem *mehr* wollte, den Übergang vom unschuldigen Wilden zum Sünder oder den Aufstieg vom faulen Affen zum Homo sapiens? Kann es sein, dass auch das Fasten zwischen die zwei Richtungen der Versuchung gestellt wird, die auf je andere Weise *Geschöpflichkeit* des Menschen verzeichnen?

11.2 Die Versuchung Christi

Der Nahrungsverzicht kann auf jeden Fall das Begehren, über sich selbst hinauszuwachsen, steigern. Wer fastet, gerät in

11. Versuchungen

Versuchung. Die Einbettung der Fastenzeit in das Kirchen- und Vegetationsjahr offenbart ein faszinierendes Geflecht historischer, kultureller und religiöser Bezüge, in dem dieser Aspekt des Menschseins zum Thema wird. Die Versuchungsthematik ist aber auch *christologisch* bedeutsam. Der zentrale narrative Bezug ist die Geschichte von Jesus, der vom Geist in die Wüste getrieben wird, um dort 40 Tage zu fasten. Ihre symbolische und typologische Lektüre ist für das Verständnis der österlichen Fastenzeit erhellend.[184]

Die Geschichte ist zweimal überliefert, einmal bei Matthäus (Mt 4,1–11) und einmal bei Lukas (Lk 4,1–13), was ein Hinweis darauf ist, dass die Evangelisten den Text in der Logienquelle vorgefunden haben.[185] Die Matthäusversion weicht leicht von der Lukasversion ab. In der matthäischen Fassung schlägt der Teufel Jesus im zweiten Anlauf vor, er, der Sohn Gottes, könne sich von der Zinne des Tempels werfen. In der dritten Versuchung wird Jesus mit einer verlockenden Aussicht auf einen Berg gestellt. Für die Anbetung des Teufels bekommt Jesus die Weltherrschaft versprochen. Was bei Matthäus die zweite Versuchung ist, wird bei Lukas die dritte. Die matthäische Steigerung der Dramatik spiegelt sich in der Wahl der Orte wider. Nach Wüste und Tempel folgt der »sehr hohe Berg«. Auf dem höchsten Punkt ist die Versuchung buchstäblich nicht mehr zu toppen. Der Berg ist ein Leitmotiv im Matthäusevangelium. Jesus hält die Rede, in der er seine Lehre zusammenfasst, auf einem Berg. Das Szenario der Bergpredigt soll an Moses erinnern, der dem Volk Israel die

---

[184] Zum Folgenden Michael Rosenberger, Fasten – Klärung durch Versuchung (s. Anm. 28), 222–243.

[185] Athanasius Polag, Fragmenta Q. Textheft zur Logienquelle, Neukirchen-Vluyn 1982, 30–32.

11. Versuchungen

zehn Gebote überbrachte, nachdem er auf dem Gottesberg vierzig Tage lang gefastet hat. Das Bergmotiv klingt bei der Verklärung (Mt 17,1–8) und am Ende des Evangeliums wieder an, wenn der Auferstandene seine Jünger in die Welt hinaussendet.

> »Aber die elf Jünger gingen nach Galiläa auf den Berg, wohin Jesus sie beschieden hatte. Und als sie ihn sahen, fielen sie vor ihm nieder; einige aber zweifelten. Und Jesus trat herzu, redete mit ihnen und sprach: Mir ist gegeben alle Gewalt im Himmel und auf Erden. Darum gehet hin und lehret alle Völker.« (Mt 28, 17–19)

Der Epilog des Evangeliums, in dem der Sohn Gottes kraft seiner Autorität die Jünger zur Sendung ermächtigt, erinnert an den Prolog. Dass Jesus alle Macht von Gott gegeben wurde, muss als ein Nachklang auf das teuflische Angebot der Weltherrschaft gehört werden (Mt 4,11). Die Geschichte von der dreifachen Versuchung Jesu sagt im Gesamtzusammenhang des Evangeliums gelesen etwas über das Geschick des Christus aus.

Doch welche Funktion hat diese Vorgeschichte? Was sagt sie über den Sohn Gottes, das für das Verständnis seines Wirkens wichtig ist? Ulrich Luz sagt es so: »Jesus ist Gottessohn, indem er gehorsam ist. Jesus ist Gottessohn, indem er das Grundgebot der Gottesliebe hält.«[186] Er wird *geprüft* vor seinem Auftritt. Dreimal beweist Jesus seinen Gehorsam. Man könnte auch sagen: Die Gottessohnschaft Jesu ist ein göttliches Wagnis.

Die bestandene Prüfung vor Beginn seines Wirkens hat den Sinn, dass die Leserinnen und Leser der Jesusgeschichte mit einem Versprechen im Gedächtnis weiterlesen: Dieser *Jesus ist treu*. Die Angriffe des Bösen haben sich im Sand

---

186 Ulrich Luz, Das Evangelium nach Matthäus (s. Anm. 79), 158–167, 166.

11. Versuchungen

verlaufen. Was wie ein Scheitern aussieht, der schmachvolle Kreuzestod, ist die Konsequenz seiner Treue. Erst am Ende wird klar, dass der Weg Jesu eine überraschende Wendung genommen hat und *Gott seine Treue* gegenüber Jesus von Nazareth beweist, indem er ihn von den Toten auferweckt. Nicht der Teufel, sondern Gott ist im Regiment und der Menschensohn sein Regent. »Mir ist gegeben alle Gewalt«, sagt der Auferweckte. Aber die Zeit, in der alles ans Licht kommt, ist noch nicht gekommen. Darum betet seine Gemeinde »Dein Reich komme«. Jetzt ist *ihre Treue, der Glaubensgehorsam der Gemeinde* gefragt.

Das Ende und die Wende der Geschichte, aber auch die Versuchung der Gemeinde, vom Kreuzweg abzuweichen, wird in den »Leidensankündigungen« vorweggenommen.

> »Von da an begann Jesus seine Jünger darauf hinzuweisen, daß er nach Jerusalem gehen und von den Ältesten und Hohenpriestern und Schriftgelehrten vieles leiden müsse, und daß er getötet und am dritten Tage auferweckt werden müsse. Da nahm Petrus ihn beiseite und begann auf ihn einzureden mit den Worten: ›Herr, das verhüte Gott! Nimmermehr darf dir das widerfahren!‹ Er aber wandte sich um und sagte zu Petrus: ›Mir aus den Augen, Satan! (Tritt) hinter mich! Ein Fallstrick bist du für mich, denn deine Gedanken sind nicht auf Gott, sondern auf die Menschen gerichtet.‹« (Mt 16,21-23)

Dass der Gottessohn leiden muss, weckt den Widerstand des Petrus. Im harschen Verweis Jesu hören wir eine Resonanz der Versuchungsgeschichte (Mt 4,10). Was Petrus vorschlägt, ist ein teuflischer Dreh des göttlichen Heilsplans und verweist auf das Paradox der verborgenen Doxa der Christusgestalt. Jesus würde seine Gottessohnschaft verlieren, wenn er sie selbst behaupten würde, *Jesus, der Mensch*, würde Gott versuchen, seiner Treue misstrauen, wenn er sich dem Kreuz entzöge, dem bitteren Kelch entsagen wollte.

Diese mögliche Verdrehung ist Thema der zweiten Versuchung, wenn der Teufel Jesus auf die Tempelzinne stellt und auf seine Gottessohnschaft anspricht (Mt 4,7). Der Teufel sagt die Wahrheit! Jesus *ist* der Sohn Gottes. Aber es ist der Sohn in einer Knechtsgestalt, die seine Herrlichkeit verhüllt und die Ehre, die ihm gebührt, in Schande verkehrt. Und so begegnet auch hier, am Tiefpunkt, als die Gaffer den Gekreuzigten verhöhnen das Signalwort. Jetzt schlüpfen sie in die Rolle des Versuchers: »*Wenn Du Gottes Sohn bist*, steig herab vom Kreuz!« (Mt 27,39 f.)

Aber der Gottessohn muss leiden und Jesus ist der Mensch, der Gottes Wille tut. Im Garten Getsemani betet er mit Worten, die ans Vaterunser erinnern: »Mein Vater, wenn dieser Kelch nicht (an mir) vorübergehen kann, ohne daß ich ihn trinke, so geschehe dein Wille!« (Mt 26,42)

11.3 Warum fastete Jesus?

Warum fastete Jesus, *bevor* er sein Wirken in Galiläa begann?[187] In zwei anderen prominenten Fastengeschichten des Alten Testaments, die hintergründig mitsprechen, verhält es sich ja gerade umgekehrt. Sowohl Moses als auch Elia hatten schon einen langen Weg hinter sich, bevor sie fasteten. Jesus hingegen, so heißt es, bei Matthäus, »wurde vom Geist in die Wüste geführt, *um* vom Teufel versucht zu werden« (Mt 4,1). Also ist nicht das, was die Griechen *Askese* und die Lateiner *Disziplin* nennen und wir heute unter Exerzitien verstehen, der eigentlich Grund für den Gang in die Einöde. Jesus fastete

---

187 Es ist möglich, dass die Versuchungsgeschichte eine Erinnerung an das Vorleben Jesu speichert.

11. Versuchungen

vierzig Tage, *damit* der Versucher an ihn herantreten konnte. Er machte sich verletzlich. Warum treibt ihn der Geist dazu?

Man könnte es so deuten, dass Jesus durch Nahrungsentzug den eigenen Körper zum Medium einer veränderten Selbsterfahrung bringen wollte. Aber mit Stefan Krauter denke ich, dass gegenüber religionsphysiologischen bzw. psychologischen Erklärungen, dass Nährstoffmangel einen *altered state of conscience* mit visionären und auditionären Erfahrungen hervorruft, eine gewisse Skepsis angebracht ist. Es sei zwar durchaus möglich, dass solche Phänomene in der Antike vorkamen und den Autoren der Texte bekannt waren. Es scheint aber in keinem Fall deren *Intention* zu sein, auf solche Phänomene besonders hinzuweisen.

Aufschlussreich ist die Szene vor dem Gang in die Wüste. Jesus lässt sich von Johannes taufen, wird erfüllt vom Heiligen Geist und hört die Zusage der väterlichen Stimme: »Das ist mein geliebter Sohn, an dem ich Wohlgefallen habe.« (Mt 3,19) Dieselben Worte hören die Jünger auf dem Berg der Verklärung (Mt 17,5), als ihnen die drei Fastenden – Moses, Elias und Jesus – erscheinen. Jetzt treibt ihn derselbe Geist in die Einöde – er führt ihn in Versuchung (Mt 4,1).

Damit ist ein zentrales geistliches Motiv des Fastens benannt. Das Fasten ist ein *Mittel*, um zu einer Konfrontation mit dem Versucher zu kommen. Sich in Zonen der Versuchung aufzumachen, ist riskant. Man bekommt es mit Täuschungen zu tun. Wer sich vom Geist in die Wüste treiben lässt, um dort zu fasten, hört die Stimme der Schlange und die urmenschliche Versuchung: Eritis sicut Deus. Dietrich Bonhoeffer deutet die Versuchung als Versuch des Teufels, Jesus in einen Zwiespalt in Gottes Wort zu bringen, eine Versuchung, die Jesus aus der wesenhaften Einheit mit dem Worte Gottes überwand.

> »Diese Versuchung Jesu hat wiederum ihr Vorspiel in jener Frage, mit der die Schlange im Paradies Adam und Eva zu Fall bringt: ›Sollte Gott gesagt haben ...?‹ (1. Mose 3,1) Es ist die Frage, die alle Entzweiung in sich birgt, gegen die der Mensch machtlos ist, weil sie sein Wesen ausmacht, die Frage die nur von jenseits der Entzweiung – nicht beantwortet, aber – überwunden werden kann.«[188]

Jesu Gang in die Wüste diente nicht dazu, den Verlockungen und Verführungen des Alltags zu entgehen. Die Wüste ist nicht die unverdorbene Zone, in der weniger vom Gebet ablenkt und man seine Triebe leichter zügeln kann, sondern die leergeräumte Kampfzone. Es geht um die Prüfung des Glaubens. »Versuchung« hat hier diesen außeralltäglichen und dramatischen Sinn. Es steht alles auf dem Spiel, die Seele, »die Verführung des Menschen zum Abfall von Gott«. Das meint Versuchung in ihrer letzten abgründigen Tiefe.[189]

11.4 Versuchung als Glaubensprüfung

Und deshalb kann, wie Michael Rosenberger in seiner erhellenden kleinen Studie zur Versuchungsgeschichte feststellt, nur der *Gerechte* versucht werden. Hiob ist der klassische Fall.[190] Und in der Rahmengeschichte des Hiobbuchs kommt dieser *dunkle Hintergrund* der Versuchung zur Sprache. Es ist *Gott*, der Satan die »Schläge« erlaubt. Die Auftrennung in zwei Figuren, Gott und Satan, erlaubt es zwar, das Gottesbild von der Vorstellung freizuhalten, dass Gott der *Urheber* des Bösen sei.[191] Aber die zwei sind Figuren ein und desselben

---

188 Dietrich Bonhoeffer, Ethik, DBW-Band 6, München 1998, 313 f.
189 Vgl. zum Thema Versuchung und Verführung: Joachim Gnilka, Das Matthäusevangelium, in: HThKNT I/1 (1986), 82–93, 86.
190 Rosenberger, Fasten (s. Anm. 28), 223 f.
191 Luz, Matthäus (s. Anm. 79), 167.

11. Versuchungen

Systems, in dem Lichtes und Dunkles miteinander besprochen wird und Absprachen getroffen werden. In älteren biblischen Geschichten ist die Versuchung als Bewährung des Glaubens alleinige Sache Gottes. Paradigmatisch ist die Glaubensprüfung Abrahams in Gen 22. »Letztlich ist Gott es«, so das Fazit von Rosenberger mit Blick auf die Versuchung Jesu, »der den Menschen versucht. Das zeigt sich in unserer Perikope deutlich, wenn die übergeordnete Aktivität dem Heiligen Geist zugeschrieben wird«[192].

Entscheidend ist, *warum* Gott seine Auserwählten versucht. Im Unterschied zum Bösen, der den Gerechten auf Abwege bringen will, um ihn zu verderben, ist das Ziel der göttlichen Versuchung die *Bewährung, Läuterung* und *Reifung* des Menschen.

> »Ziel der Versuchung ist das innere Wachsen des Menschen in seiner Treue zu Gott. Versuchung ist Prüfung des Menschen im Glauben. Das gilt auch für den Gottessohn: Es ist der Mensch Jesus von Nazaret, ›in allem uns gleich‹ (IV. Hochgebet), der hier versucht wird.«[193]

Ist es also an den Gläubigen, dem Beispiel Jesu zu folgen – zu fasten und Zonen der Versuchung aufzusuchen? Michael Rosenberger kommt in seiner Auslegung der Versuchungsgeschichte zu einem anderen Schluss. Es geht in dieser Erzählung sicher nicht darum, Jesus *material* nachzuahmen, sondern darum, ihm in der *formalen* Übernahme seiner Haltung nachzufolgen.[194] Jesus ist der heilsgeschichtliche Typus, der als Repräsentant des wahren Gottesvolkes die Prüfung besteht, die Israel (in der Wüste) nicht bestanden hat. Die christologische Typologie ist ethisch gesehen eine *paradigmatische*.

---

192 A. a. O., 224.
193 Ebd.
194 A. a. O., 231.

11. Versuchungen

»In der Versuchungserzählung wird uns das Grundmuster menschlichen Versuchtwerdens vor Augen gestellt, das darin besteht, dass der Mensch von Gott weggezogen werden soll. Zugleich wird uns gezeigt, dass wir in der Versuchung bestehen können, indem wir Gott allein dienen und an seinem Wort festhalten.«[195]

Die Erzählung setzt also keinen *aszetischen*, sondern einen *soteriologischen Akzent*. Dadurch, dass Jesus die Prüfung bestanden hat, ist die Macht des Bösen gebrochen. Diese Geschichte soll den Glauben der Gemeinde festigen. Würde sie daraus eine Versicherung *ihres* Gehorsams herauslesen, hätte sie den Abgrund der Versuchung nicht verstanden.

»Die ChristInnen sind auch nach der Taufe gefährdet, doch gilt ihnen die Heilszusage des Evangeliums [...]. Über die soteriologische Schiene gelingt aber reibungslos die Verknüpfung der beiden Sinnebenen der Erzählung, freilich unter der Maßgabe einer typologisch-urbildhaften, nicht moralisch-vorbildhaften Interpretation der Versuchungen. Durch das Band der Soteriologie werden christologische und paradigmatische Typologie zusammengehalten.«[196]

Was das für heute bedeuten kann, demonstriert Rosenberger am Beispiel der ignatianischen Spiritualität, wie sie im *Exerzitienbuch* zum Ausdruck kommt. Die Parallelen zur Versuchungsgeschichte sind offensichtlich: Hier wie dort wird Versuchung als eine *Prüfung* verstanden, die Glaubensreifung wirken und zur größeren inneren Klarheit führen soll.[197]

Diese Klarheit *kann* durch den psychischen, physischen und neurologischen Prozess, den das Fasten auslöst, gefördert werden. Läuterung und geschärfte Wachsamkeit im religiö-

---

195 Ebd.
196 Ebd.
197 Ignatius wollte in einer Phase des inneren Selbsthasses Gott durch ein absolutes Fasten zum Handeln zwingen und hätte sich beinahe zu Tode gehungert. Vgl. dazu Rosenberger, Fasten (s. Anm. 28), 232–237, bes. 233.

sen Sinn ist aber als Frucht einer intensivierten Beziehung zu sich selbst, immer auch als Frucht einer Intensivierung der Gottesbeziehung zu sehen, weil »im Blick auf Gott die Abhängigkeit von ihm und die Verwiesenheit auf ihn neu erfahren werden [kann]«[198].

---

[198] A. a. O., 240.

Impulse für die Praxis

12. Fasten als Pilgerweg – ein Erfahrungsbericht
Simon Peng-Keller

12.1 Mehrdimensionalität

In Kapitel 7 wurde auf die Wiederentdeckung des Fastens in der spirituellen Bewegung seit den 1970er Jahren eingegangen. Die ärztliche Neuentdeckung des Fastens ist ein Seitenarm einer umfassenderen Entwicklung, die im letzten Jahrhundert auch zu einer Reintegration spiritueller Aspekte in eine weitgehend säkularisierte Gesundheitsversorgung führte.[199] Bei Otto Buchinger (1878–1966), auf dessen Fastenmethode ich mich in diesem Kapitel beziehen werde, verbanden sich lebensreformerische Ideale mit einer persönlichen Heilungserfahrung. In den letzten Monaten des Ersten Weltkriegs war Buchinger an einem schweren Gelenkrheuma sowie einem Leberleiden erkrankt und nach gründlichen Untersuchungen »als Ganzinvalide aus dem aktiven Dienst der Kaiserlichen Marine entlassen« worden.[200] Mangels thera-

---

199 Zu dieser Entwicklung vgl. Simon Peng-Keller, Spiritual Care im Gesundheitswesen des 20. Jahrhunderts. Von der sozialen Medizin zur WHO-Diskussion um die ›spirituelle Dimension‹, in: Simon Peng-Keller/David Neuhold (Hrsg.), Spiritual Care im globalisierten Gesundheitswesen. Historische Hintergründe und aktuelle Entwicklungen. Wissenschaftliche Buchgesellschaft Darmstadt 2019, 13–71. Open access: https://files.wbg-wissenverbindet.de/Files/Article/ARTK_ZOA_1022047_0001.pdf; Simon Peng-Keller, Klinikseelsorge als spezialisierte Spiritual Care. Der christliche Heilungsauftrag im Horizont globaler Gesundheit, Göttingen 2021.
200 Otto Buchinger, Zur Wiedereinführung des Fastens. Bemerkungen eines

12. Fasten als Pilgerweg

peutischer Alternativen entschied sich der arbeitsunfähige Arzt im Sommer 1919, sich einer dreiwöchigen Fastenkur bei einem ärztlichen Kollegen zu unterziehen – mit erfolgreichem Ausgang. Das Heilfasten, das ihm »Existenz und Leben«[201] gerettet habe, wurde zu Buchingers Lebensprojekt.

Durch seine eigenen Erfahrungen erschloss sich Buchinger die Mehrdimensionalität des Fastens. Durch einen bewusst eingeleiteten Verzicht auf physische Ernährung kommt ein Prozess in Gang, in den alle Dimensionen menschlichen Daseins hineingezogen werden. Buchinger spricht von mentaler Hygiene, von »Zu-sich-selber-Kommen« und »elevatio mentis«.[202]

Wer es selbst ausprobiert hat, wird Buchinger beipflichten: Fasten lässt uns zu uns kommen, es verändert unsere Emotionalität und unser Bewusstsein ebenso wie unsere Nah- und Fernbeziehungen und es macht uns auch in spiritueller Hinsicht empfänglicher. Um die Mehrdimensionalität des Fastens weiter zu bedenken, greife ich auf meine eigenen Erfahrungen zurück. Sie stehen im Zusammenhang dessen, was religionssoziologisch als Erneuerung einer religiösen Fastenpraxis unter dem Einfluss medizinischen Heilfastens beschrieben werden kann.[203]

In der mir vertrauten Form besteht diese Praxis aus einem siebentägigen Verzicht auf jegliche feste Nahrung sowie drei Aufbautagen mit reduzierter Kost. Im ersten Abschnitt be-

---

Fastenarztes, Vorwort zu: Raymond Régamey, Wiederentdeckung des Fastens (s. Anm. 104), 7–13, hier 8.
201 Ebd.
202 A. a. O., 11–14.
203 Isabelle Jonveaux, Transfers des Fastens. Von der Klosteraskese zum holistischen Heilfasten, in: LIMINA Grazer theologische Perspektiven 4/2, Graz 2021, 156–178.

12. Fasten als Pilgerweg

schreibe ich, wie ich zu dieser Praxis gefunden habe und weshalb ich sie bis heute praktiziere. Um meine Erfahrungen zu charakterisieren, vergleiche ich sie mit jenen von Pilgern. Hier wie dort spielt, so meine ich, die Gemeinschaft eine zentrale Rolle; hier wie dort verweben sich physische, psychische und spirituelle Erfahrungen und Motive in vielfältiger Weise. Wie das im zweiten Abschnitt vergegenwärtigte Experiment des Fasten-Friedensmarschs belegt, lässt sich Fasten und Pilgern in fruchtbarer Weise miteinander verbinden. Im dritten Abschnitt wende ich mich der läuternden Kraft des Fastens zu, die körperliche, psychische und spirituelle Aspekte umfasst. Der letzte Abschnitt beschäftigt sich schließlich mit der kontemplativen und der ökologischen Dimension des Fastens.

12.2 Fasten als gemeinsame Pilgerreise

»Eine Erstfastenkur gleicht einer (leichteren) Hochgebirgstour, bei der man besser einen Führer nimmt.«[204] Buchingers Rat entspricht meiner eigenen Erfahrung, war ich doch auf fachkundige Unterstützung und Begleitung angewiesen, um vor über 30 Jahren mit dem mehrtägigen Heilfasten vertraut zu werden. Es war für mich entscheidend, meine erste Erfahrung mit dieser Praxis in einer kompetent geleiteten und gut strukturierten Fastengruppe zu machen. Sie gab mir den sicheren und schützenden Rahmen, der es mir erlaubte, mich auf ein existenzielles Wagnis einzulassen und etwas zu tun, das der Skeptiker in mir nicht für möglich hielt: über mehrere Tage auf lebensnotwendige Nahrung zu verzichten. Würde

---

204 Buchinger, Zur Wiedereinführung des Fastens (s. Anm. 104), 13.

12. Fasten als Pilgerweg

ich nicht den ganzen Tag leidgeprüft mit knurrendem Magen herumlaufen?

Fastenwunder Nr. 1: Es war erstaunlich unkompliziert, und zwar nicht nur in physiologischer Hinsicht. Gerade das radikale Lassen, welches mir abverlangt wurde, setzte ein tieferes Lebensvertrauen frei. Vermutlich ist die dadurch zu gewinnende innere Freiheit der Grund, weshalb in Fastengruppen oft eine überraschende Heiterkeit herrscht.

Die etwa achtköpfige Gruppe, in der ich meine Initiation ins Heilfasten erleben durfte und die mir später zum Modell für eigene Angebote wurde, traf sich zunächst zu einem Informationsabend und danach während einer Woche täglich im Pfarreizentrum zu Tee, Austausch und Meditation. Gekrönt wurde die Woche mit einem feierlich gestalteten Fastenbrechen. Nie zuvor hatte ich einen Apfel so langsam gegessen, nie zuvor seine Süße derart intensiv verkostet!

Fastenwunder Nr. 2: Ein kleiner Apfel vermag einen restlos zu sättigen.

Von Beginn an erschloss sich mir das Fasten als gemeinschaftliche Praxis. Allein hätte ich es nicht gewagt, diese Pilgerreise zu unternehmen. In Gemeinschaft fällt das Fasten nicht nur leichter, sondern es bereitet auch mehr Freude.

Fastenwunder Nr. 3: Es ist nicht nur problemlos möglich, sich während einer ganzen Woche auf Wasser, Tee und etwas Fruchtsaft pro Tag zu begrenzen, sondern es intensiviert das sinnliche Erleben und Verkosten.

Buchinger hatte recht: Nicht weniger als das Essen ist das Fasten eine in unserem Organismus verankerte humane Möglichkeit. Sie zu nutzen, bereichert das Leben. Dass es nicht nur Murmeltieren und Zugvögeln, sondern auch Menschen ohne weiteres möglich ist, für eine gewisse Zeit in einen Selbstversorgungsmodus umzuschalten, ist evolutionsge-

12. Fasten als Pilgerweg

schichtlich betrachtet wenig erstaunlich. Dass dieser Modus jedoch derart leicht zu reaktivieren ist, erstaunt mich jedes Mal von Neuem. Was mich zunächst als eine Einweihung in eine Geheimwissenschaft anmutete, wurde mit den Jahren so normal wie das Zähneputzen und die Morgentoilette. Die Ratgeberliteratur, die in den ersten Jahren gute Dienste leistete, wurde weitgehend entbehrlich. Auch das Procedere vereinfachte sich. Ich wusste immer mehr, was ich (nicht) brauchte. Kein Austesten mehr von neuen Teesorten oder komplizierten Aufbaumenüs. Über die Jahre hat sich mein Körper an die halbjährlichen Fastenpausen gewöhnt und schaltet nun mühelos um. So weit als möglich halte ich beim Fasten den Rhythmus von drei Essenszeiten bei, wobei das Frühstück aus einem Tee, das Mittagessen aus einem Glas Saft und das Abendessen aus einem weiteren Tee besteht. Gerade weil sich das Zeiterleben durch das Fasten verändert, sind feste Fixpunkte im Tagesablauf bedeutsam. Gelernt habe ich nicht zuletzt, wie wichtig es ist, mich während des Fastens genügend zu bewegen, um einen Muskelabbau zu verhindern und meinen Organismus im Schwung zu halten.

Zu den Einsichten, die mir das gemeinsame Fasten vermittelten, gehört nicht zuletzt jene, dass jede und jeder diese besondere Pilgerreise anders gestaltet und erlebt und auf ihr je eigene Herausforderungen zu bestehen hat. Die Verschiedenheit zeigt sich bereits in motivationaler Hinsicht. Gibt es doch vielfältige Beweggründe zum Fasten, und die Entschiedenheit, es auch dann noch fortzuführen, wenn es aus der persönliche Komfortzone hinausführt, variiert beträchtlich. Das verbindet das Fasten mit dem Pilgern: Auf dem Jakobsweg wird in Pilgerbüros danach gefragt, ob man den Weg aus religiösen, spirituellen oder sportlichen Gründen geht, wobei es Mühe bereiten kann, sich angesichts gemischter Motive

12. Fasten als Pilgerweg

für ein einziges entscheiden zu müssen. In ähnlicher Weise werden auch in Fastengruppen meist gleich zu Beginn die Beweggründe ausgelotet. Der Wunsch, sein Übergewicht zu reduzieren, spielt nach meiner Erfahrung auch in kirchlichen Fastengruppen eine wichtige Rolle, wobei sich dieses Motiv problemlos mit dem Bedürfnis, stärker zu sich zu finden und mit einer spirituellen Sehnsucht verbinden kann.

Erproben wir es doch gleich am eigenen Beispiel: Was bewegte mich damals dazu, mich als junger Mensch auf mein erstes Fastenexperiment einzulassen? Und was motivierte mich, diese Praxis in den Jahrzehnten, die seither vergangen sind, weiter zu vertiefen? Wenn ich mich ehrlich befrage und den sich aufdrängenden sozial erwünschten Antworten widerstehe, so stoße ich auf eine ähnlich gemischte Motivationslage, wie ich sie oft bei Mitfastenden beobachtet habe. Gewiss: Meine erste Fastenwoche gehörte zu einer Suchbewegung, die von der Sehnsucht nach einem geistbestimmten Leben, nach einem bewussten Christwerden geleitet wurde. Das Fastenangebot barg die Verheißung, dass es mich dabei unterstützen würde, zu einer christlichen Lebensform zu finden, in der alle Dimensionen meines Menschseins einbezogen sind. Diese spirituelle Motivation verwob sich allerdings sogleich und unzertrennlich mit der Erfahrung, dass mir das Fasten auch in gesundheitlicher Hinsicht guttut und mich mit einem Freiheitsempfinden belohnt. Müsste ich auf einem Fragebogen deklarieren, ob ich aus religiösen, spirituellen, gesundheitlichen, sozialen oder ökologischen Gründen faste, würde ich, sofern mir das erlaubt ist, alles ankreuzen. Und es würde mir schwerfallen, die Gründe zu priorisieren.

In den Gruppen, in denen ich bislang gefastet habe, spielte die spirituelle Dimension eine wichtige Rolle. Dennoch habe ich in diesen Gruppen bislang kaum jemanden getroffen, der aus ›rein‹ religiös-spirituellen Gründen fastete. Die bewusste Verschränkung des Spirituellen mit dem Leibseelischen ist, so meine ich, die entscheidende Korrektur einer religiösen Fastenpraxis, die über Jahrhunderte vornehmlich als Pflichtübung verstanden wurde. Doch droht heute nicht die Gefahr, mit einem ganzheitlichen Heilfasten nun ins gegenteilige Extrem einer Wohlfühlspiritualität zu geraten? Diese Gefahr dürfte sich bei Buchingers Heilfasten in Grenzen halten. Denn ohne eine gewisse Disziplin und Frustrationstoleranz dürfte es kaum möglich sein, über mehrere Tage gänzlich auf feste Nahrung zu verzichten und sich während mindestens drei weiteren Tagen auf Aufbaukost zu beschränken. Dass Fasten einfacher ist, als man denkt, ist ja nur die eine Seite; die andere, anspruchsvollere Seite soll gleich noch näher beschrieben werden. Als Überleitung dazu vergegenwärtige ich ein Experiment, das eindrücklich belegt, wie das Fasten und das Pilgern auf fruchtbare Weise kombiniert werden können und sich gegenseitig intensivieren.

12.3 Ein Fasten-Friedensmarsch von Bad Schönbrunn nach Genf (1996)

Vorausgeschickt sei, dass ich an dem Fastenexperiment, das ich gleich beschreiben werde, nicht selbst teilgenommen habe. Dennoch habe ich ihm viel zu verdanken: Gehörte zu der Pilgergruppe doch eine mir damals unbekannte Frau, die ich fünf Jahre später heiraten sollte. Durch die Erfahrungen, die sie während des Fasten-Friedensmarsches machte, motivierte sie mich, meine Fastenpraxis neu aufzunehmen. Seither ist sie Teil unserer Ehespiritualität. In dem Buch, das aus dem Fasten-Friedensmarsch hervorgegangen ist, werden dessen Eckpfeiler so beschrieben:

12. Fasten als Pilgerweg

»Im August 1996 trafen sich 36 Frauen und Männer im Alter zwischen 25 und 70 Jahren zu einem Unternehmen besonderer Art. Bereits zwei bis drei Tage zuvor hatten sie zu fasten begonnen und so die ›Umschaltung‹ von der Ernährung von außen auf die Ernährung von innen vollzogen. Jetzt waren sie bereit für den Marsch. Sie marschierten fastend vom Lassalle-Haus Bad Schönbrunn bei Zug zur UNO nach Genf und bekundeten so ihre Bereitschaft, sich für Gerechtigkeit und Frieden zu engagieren.«[205]

Während der zehntägigen Pilgerreise legte die ökumenische Gruppe, die durch eine erfahrene Fastenärztin begleitet wurde, etwa 250 km zurück und übernachtete in Massenunterkünften. Die Route führte mitunter dem Jakobsweg entlang auf besinnlichen Pfaden, über Pässe und an Seeufern vorbei, manchmal jedoch verlief sie auch parallel zu lärmigen Autobahnen. Die Pilgernden hatten einen Tagesrucksack dabei, Schlafsack und Ersatzkleider wurden von einem Begleitfahrzeug transportiert. Um diese besondere Pilgererfahrung nachvollziehbar zu machen, zitiere ich aus dem publizierten Tagebuch. Es wurde von einem Autorenteam verfasst, zu dem auch meine Frau gehörte: Montag, 19. August:

Bad Schönbrunn – Zug – Cham – Rich – Immensee – Küssnacht (mit dem Schiff) nach Luzern – Stans

»Unser äußerer und innerer Aufbruch lässt uns an die beiden biblischen Gestalten Sarah und Abraham denken. Sie wurden von Jahwe gerufen, sich aufzumachen aus dem Gewohnten und Vertrauten, auf einem unbekannten Weg in ein neues Land. Solch ein Aufbrechen löst immer auch Ängste aus. Sie gehören dazu. Doch wir vertrauen unserer Motivation, die uns auf diesen Weg geführt hat. [...] Auf einer Wald-

---

205 Niklaus Brantschen, Nicht vom Brot allein. Unterwegs für Gerechtigkeit und Frieden, Zürich/Düsseldorf 1998, 41.

12. Fasten als Pilgerweg

lichtung am wunderschönen Weg dem Zugerseeufer entlang feiern wir Gottesdienst. Aus den Steinen der Feuerstelle bauen wir einen einfachen Altar. Ein weißes Laken dient als Altartuch. Dahinter die weite und tiefe Stille des Wassers. [...] Viele Zweiergespräche unterwegs. In den kommenden Tagen werden wir dann hauptsächlich schweigend marschieren.«[206]

Dienstag, 20. August: Stans – Flüeli Ranft – Sachseln (mit dem Zug) nach Kaiserstuhl – am See entlang bis Lungern

»Eine neue Erfahrung stellt sich ein: Das körperliche An-die-Grenze-Gehen hat etwas außerordentlich Meditatives, man wird gedankenleer und bezieht sich ganz auf den Augenblick, auf das Sein im Hier und Jetzt. [...] Ein kurzer Abstieg führt zum Flüeli-Ranft mit der für Bruder Klaus erbauten Kapelle. An dieser Pilgerstätte verweilen wir, jede und jeder auf seine eigene Art und Weise: im bewussten Gebet, ausruhend, das herrliche Wetter und die wunderbare Natur genießend oder neugierig den Ort mit seinen Sehenswürdigkeiten erkundend.«[207]

Mittwoch, 21. August: Lungern – Brünig – Brienz – Bönigen bei Interlaken

»Am dritten Tag verlassen wir unseren Übernachtungsplatz kurz nach sieben Uhr bei trübem Wetter. [...] Beim Durchwandern der Landschaften und Orte haben wir in den letzten beiden Tagen immer wieder Grenzen überschritten, denn alles, was uns da begegnete, ist begrenzt: Dörfer, Städte, Wiesen und Wälder, Bäche, Seen, Flüsse, Berge. Nicht immer sind diese Grenzen sichtbar, und immer wieder helfen uns

---

206 A. a. O., 44–46.
207 A. a. O., 50.

12. Fasten als Pilgerweg

Wege, Straßen oder eine Brücke bei unseren Grenzüberschreitungen. [...] An diesem dritten Tag ist der Brünig die Grenze, die wir überschreiten. [...] An der Grenze – auf der Höhe – angekommen, bieten sich unseren Augen Blicke in ungeahnt neue Landschaften. Fastend Landschaften durchwandern kann auch eine Hilfe sein auf dem inneren Weg; denn auch wir selbst sind körperlich, seelisch und geistig begrenzt. Wenn wir nicht stehenbleiben wollen, dann gilt es, Grenzen zu überschreiten.«[208]

Donnerstag, 22. August: Interlaken – Merlingen (mit dem Schiff) nach Faulensee

»Die Teilnehmerinnen und Teilnehmer melden das Bedürfnis an, während längerer Phasen des Gehens zu schweigen. So marschieren wir heute zum ersten Mal zwei Stunden lang schweigend, konzentriert auf Schritt, auf Atmung, Augen und Ohren. Wie wohltuend! Wir achten auf uns. Käfer kreuzen den Waldboden, teils in Eile, teils müssen sie mühsam den Weg über Steine suchen. Eine Vielfalt von Moosen und Gräsern wächst am Wegrand. Der würzige Duft des Waldes weckt das Gefühl des Einsseins mit allen und allem. Wie beeindruckend spürbar ist die Kraft in unserer Gruppe.«[209]

Freitag, 23. August: Faulensee – Uferweg bis Spiez (mit dem Zug) nach Münsingen – Aareweg bis Bern (mit dem Zug) nach Fribourg

»Von Rubigen aus wandern wir, größtenteils der Aare entlang, nach Bern, vorbei an behäbigen Bauernhöfen und durch Auenwälder. Die Autobahn bleibt immer in Sicht- oder Hör-

---

208 A. a. O., 56–58.
209 A. a. O., 63.

weite. Sie ist eine Grenze nicht nur für uns – wir müssen sie über- oder unterschreiten –, sondern auch für alle anderen Lebewesen. [...] In einer Freizeitanlage an der Aare machen wir Mittagsrast, und zwei Mutige wagen sich sogar ins lehmfarbene, träg fließende Nass. Die Gruppe hat sich spürbar verändert, oder ist es etwa nicht erstaunlich, dass wir 36 Individuen inzwischen beinahe zu einer Gestalt zusammengewachsen sind?«[210]

Samstag, 24. August: Fribourg – Kloster Hauterive – Romont
»Um sieben Uhr nehmen wir in Notre-Dame de la Route in Villars-sur-Glâne die längste Tagesetappe unter unsere Füße. Sie wird uns über 28 Kilometer und 400 Meter Steigung an unser Ziel Romont bringen.«[211]

Sonntag, 25. August: Romont – Le Mont-Pèlerin – Chexbres – Lausanne
»Der Sonntag wird seinem Namen nicht gerecht, denn es regnet in Strömen. Nach dem gestrigen strengen Marschieren und einer nicht gerade idyllischen Nacht in der Zivilschutzanlage von Romont begeben wir uns zunächst zum Bahnhof. Es ist kühl und unfreundlich. [...] Schließlich erreichen wir das Tibet-Zentrum Rabtenchoeling, wo uns der stellvertretende Abt einen herzlichen Empfang bereitet. Die Atmosphäre ist bunt und fröhlich, und wir sind glücklich, endlich aus unseren nassen Kleidern schlüpfen zu können. Unwiderstehlich steigen vielversprechende Düfte aus der Küche in unsere Nasen. Zu gerne hätten uns wohl die Mönche mit ihren Köstlichkeiten bewirtet. Doch auch die salzarme

---

210 A. a. O., 67 f.
211 A. a. O., 73.

12. Fasten als Pilgerweg

Suppe mit feinstgehacktem Gemüse, die sie uns kochen, ist für uns Fastende ein sonntägliches Festmahl.«[212]

Montag, 26. August: Lausanne – (mit Zug bis Aubonne) – durch die Weinberge bis Begnins – (mit Bus hinaus nach St-Georges)

»Ursprünglich war für diesen achten Tag eine wunderschöne Route geplant, – doch wir spüren, dass wir bereits zehn Tage fasten. Die Muskelkraft hat nachgelassen! Deshalb beschließt das Leitungsteam, dass wir einen einfacheren Weg ohne Höhendifferenzen quer durch die Weinberge nehmen. [...] Beim Aufbruch erinnert Niklaus uns daran, dass dies unser letzter Tag des gemeinsamen Pilgerns und Schweigens ist. Er fordert uns auf, nochmals ganz ins Schweigen einzutreten, die Gelegenheit wahrzunehmen, in uns zu gehen, um aufbrechen zu lassen, was jetzt noch aufbrechen will: ›Hinter der Grenze der vermeintlich letzten Reserven zeigen sich oft noch ganz neue Möglichkeiten!‹«[213]

Dienstag, 27. August: St-Georges – Nyon (mit dem Schiff) nach Genf

»Christoph weckt uns mit fröhlichem Flötenspiel, und Rose Marie hat für diejenigen, die das Fasten bereits am Vorabend gebrochen haben, liebevoll den Frühstückstisch gedeckt. [...] Von Nyon bringt uns das Schiff ein letztes Mal ans andere Ufer, nach Genf. Schweigend gehen wir am See entlang bis zu den Gebäuden des Internationalen Roten Kreuzes [...]. Nach diesem langen und mit Spannung erwarteten letzten gemeinsamen Tag erreichen wir die Jugendherberge von

---

212 A. a. O., 78 f.
213 A. a. O., 84.

12. Fasten als Pilgerweg

Genf. Hier feiert nun die zweite Hälfte der Gruppe das Fastenbrechen. Wie wunderbar doch ein Apfel schmeckt!«[214]

Mittwoch, 28. August: Genf; (mit dem Zug zurück) nach Zug
»Der Fastenfriedensmarsch ist zu Ende – der Friedensmarsch hat erst begonnen! Nochmals schenkt die Sonne uns einen strahlend schönen Tag. Wir treffen uns frühmorgens zum ersten gemeinsamen Frühstück mit Apfel, Haselnüssen und Magerquark, unsere erste feste Nahrung nach zwölf Tagen. Andächtig schweigend und kauend sitzen wir um den langen Tisch, kosten jeden Bissen – wie die Nüsse zwischen den Zähnen zerknacken und das Fruchtfleisch auf der Zunge zergeht. Unsere Geschmackssinne wurden in den letzten Tagen geschärft. Wie genussvoll Essen doch sein kann! [...] Nochmals begeben wir uns an das Ufer des Genfersees, um unseren gemeinsamen Marsch mit einer ›Performance‹ abzuschliessen. Sie soll das, was wir in den letzten Tagen erlebt und geteilt haben, nochmals verdichten. Zudem wollen wir damit Passantinnen und Passanten auf unser Unternehmen aufmerksam machen. Solche sind aber in diesen Morgenstunden hier nur spärlich anzutreffen. So halten wir unser Schlussritual hauptsächlich vor den neugierig herangeschwommenen Enten und Schwänen.«[215]

Das gemeinsame Fasten und Pilgern übte eine langanhaltende Bindungskraft aus. Die veröffentlichten Berichte lassen darauf schließen, dass die Nachwirkungen im Alltag deutlich über jene einer gewöhnlichen Fastenwoche hinausgingen. Manche Fastenpilgerinnen und Fastenpilger trafen während

---

214 A. a. O., 88 f.
215 A. a. O., 93 f.

12. Fasten als Pilgerweg

oder nach dem gemeinsamen Unterwegssein weitreichende Entscheidungen. Der Jesuit Niklaus Brantschen, der für die Gesamtleitung der Gruppe verantwortlich war, resümiert:

> »Zu den nachhaltigsten Eindrücken der Teilnehmerinnen und Teilnehmer gehört die Erfahrung, dass es möglich ist, Stunden und Tage ohne Essen zu laufen und schließlich gesund und erfrischt ans Ziel zu gelangen. So wurde unser Fasten-Friedensmarsch zu einem Beweis, wie sehr Fasten, verbunden mit Bewegung, frischer Luft, Stille und Meditation, unterstützt von Gleichgesinnten und einem klaren gemeinsamen Ziel, heilsam und gut ist, kurz: gesund. Medizinische Verpflegung war in der Tat kaum nötig. [...] Die Ärztin trug für alle Fälle etwas Ginsengtee im Rucksack. Im Übrigen wirkte bereits ihre Anwesenheit beruhigend.«[216]

12.4 Fasten als Läuterungsweg

Wie alles am Fasten ist seine läuternde Wirkung vieldimensional; sie umfasst psychische und spirituelle Aspekte nicht weniger als leibkörperliche. Da diese Dimensionen zwar analytisch zu unterscheiden und isolierbar sind, jedoch auf komplexe Weise zusammenwirken, sollen sie im Folgenden gemeinsam ins Auge gefasst werden. Wiederum ist, um dieses Zusammenspiel zu verstehen, ein Blick auf das Pilgern hilfreich. In seinem autobiografischen Bericht »¡Hola! bei Kilometer 410. Mit allen Sinnen auf dem Jakobsweg« unterscheidet Traugott Roser zwischen dem physischen, dem psychischen und dem spirituellen Camino:

> »Physisch erklärt sich ja von selbst: Es ist vor allem die körperliche Anstrengung der ersten Tage und Wochen, die den Anfang prägt. Bis sich mein Körper daran gewöhnt, nicht nur für kurze Wochenendwanderungen [...] in Anspruch genommen zu werden, sondern anhal-

---

216 A. a. O., 120 f.

112. FASTEN ALS PILGERWEG

tend eine Last auf dem Rücken fortzubewegen, dauert es eine Weile. [...] Während dieses ersten Teils ist man einfach mit dem Hier und Jetzt beschäftigt, den unmittelbaren Eindrücken der Natur, der Unwägbarkeit der Elemente und den elementaren Lebensbedürfnissen des Körpers: Essen, Schlafen, Gehen.«[217]

In ähnlicher Weise stehen auch beim Fasten zunächst die körperlichen Aspekte im Vordergrund und wollen beachtet und gewürdigt werden. Schon Buchinger bemerkte im Rückblick, dass er während seiner ersten Fastenkur derart von den körperlichen Belangen absorbiert war, dass er die psychisch-spirituelle Seite völlig übersah.[218] Erst nach und nach treten die psychischen und spirituellen Aspekte stärker in den Vordergrund (selbst wenn sie sich schon zu Beginn anmelden mögen[219]): die schmerzliche Konfrontation mit persönlichen Grenzen, seelischen Verhaftungen und belastenden Erinnerungen u. a. m. Im Fasten öffnen sich die Sinne und schärft sich die Sensibilität für Nöte, die im gewohnten Alltagstrott kaum wahrgenommen werden. Der Entzug von Nahrung und anderen Genussmitteln macht Fastende phasenweise unruhig, gereizt, bedrückt oder überempfindlich. Gleichzeitig wachsen die introvertierte und gelassene Grundhaltung und ein Gefühl tiefer Verbundenheit – mit sich selbst, seiner Mitwelt und mitunter auch der göttlichen Wirklichkeit.

---

217 Traugott Roser, ¡Hola! bei Kilometer 410. Mit allen Sinnen auf dem Jakobsweg, Göttingen 2021, 21.
218 Buchinger, Zur Wiedereinführung des Fastens (s. Anm. 104), 11.
219 Darauf weist Michael Rosenberger, Im Brot der Erde den Himmel schmecken. Ethik und Spiritualität der Ernährung, München 2014, 161 hin: »Besonders an den ersten Fastentagen (und auch später wiederholt, wenn mehrere Wochen gefastet wird), werden Fastende intensiv mit den eigenen Sehnsüchten konfrontiert. Sie sind überdurchschnittlich gereizt und nehmen mehr als sonst wahr, welches Aggressionspotenzial und wie viele verdrängte Probleme sich in ihnen aufgestaut haben.«

12. Fasten als Pilgerweg

Damit sind die beiden zentralen Elemente dessen benannt, was das Fasten zu einem Läuterungsweg in einem umfassenden Sinne macht: die Konfrontation mit Schwächen und Anhaftungen sowie die Freisetzung einer Energie, die es ermöglicht, ungute Gewohnheiten, Ängste und Überflüssiges loszulassen. Mich überkommt während beinahe jeder Fastenwoche irgendwann das Bedürfnis aufzuräumen (wobei ich meist mit dem Äußeren beginne, um in einem zweiten Schritt unangenehme Entscheidungen zu treffen, die ich länger vor mir hergeschoben habe).

Kaum jemand dürfte während einer mehrtägigen Fastenzeit nicht mindestens einmal eine Krise durchlaufen, in der sich mehr oder weniger unvermittelt Zweifel an der Sinnhaftigkeit dieser Übung einstellen und der drängende Wunsch aufkommt, sie baldmöglichst zu beenden. Manchmal werden solche Gedanken und Wünsche durch körperliche Begleiterscheinungen wie Kopfweh ausgelöst und nicht selten kündigen sie sich schon vor dem Beginn des Fastens erstmals an: Ist es wirklich gut, zu diesem Zeitpunkt zu fasten? Wäre es nicht besser, es für einmal ausfallen zu lassen?

Die für mich (und viele andere) anspruchsvollste Zeit ist die Phase *nach* dem Fastenbrechen. Es wundert mich deshalb nicht, dass Jesus, zumindest nach Lk 4,2, nicht während der vierzig Fastentage versucht wurde, sondern im Anschluss an sie. Bereitete mir früher besonders die Langsamkeit des Aufbaus Mühe, so in den letzten Jahren eher der Abschied von Leichtigkeit und Klarheit, die das Fasten mir schenkt. Und der Versuch, in dieser Aufbauphase neue Essgewohnheiten zu etablieren (ausgewogenere und maßvollere Ernährung, bewussteres Verkosten etc.), ist in meinem Fall zunächst unzählige Male gescheitert, bevor sich die Ernährungsgewohnheiten dann doch langsam veränderten.

12.5 Fasten als »Minimal Art«

Das Fasten schafft eine heilsame Distanz. Gerade deshalb ziehe ich es vor, im Alltag zu fasten: Es hilft mir, meine vertraute Umgebung und eigene Gewohnheiten bewusster wahrzunehmen und mir Neues zu erschließen. Die Zeit, Energie und Klarheit, die ich durchs Fasten gewinne, nutze ich zu geistlicher Lesung, Selbstreflexion und Gebet. Zudem achte ich bewusster auf meine Träume, die sich durch das Fasten verändern und oft intensiver und prägnanter sind. Fastenwunder Nr. 4: Es verstärkt mein Bedürfnis nach Einkehr und Gebet und macht für spirituelle Inhalte ansprechbarer. Für kirchgemeindliche Fastenangebote liegt hier eine nicht zu unterschätzende Chance: Menschen, die sich auf Fastengruppen einlassen, sind meist offen für Zeiten der Stille und des spirituellen Austausches. In den pfarreilichen Fastenwochen, die ich zusammen mit meiner Frau durchgeführt habe, hat es sich beispielsweise bewährt, einen biblischen Text wie das Buch Jona miteinander zu lesen und sich an den gemeinsamen Treffen darüber auszutauschen.

Das Fasten verändert den Geschmackssinn für Nahrung aller Art. Ich merke besser, was mich nährt und was mich nur oberflächlich sättigt. Die Introversion sensibilisiert fürs Übermaß. Ich brauche weniger Inputs und sehne mich nach Vereinfachung und Stille. Gleichzeitig entwickelt sich ein Sinn fürs Elementare, Einfache und Unmittelbare: für die Qualität des Lichts, mit dem der Tag beginnt, für die Frische des Windes, der mir über die Haut streicht, für die Wärme des Teeglases in meinen Händen. Mein Bewusstsein öffnet sich der Poesie des Alltags, die sinnliche Wahrnehmung verfeinert sich. Während einer Fastenwoche durch einen Gemüse- und Gewürzmarkt zu schlendern oder an wohlriechenden Bäcke-

12. Fasten als Pilgerweg

reien und Speiselokalen vorbeizugehen, ist eine intensive und überraschend positive Erfahrung. Wenn das Fasten mich spiritualisiert, dann nicht in einer vergeistigenden, sondern einer versinnlichenden Weise, so wie ich sie vor einigen Jahren in der altprovenzalischen Schrift *Scala divini amoris* wiedergefunden habe.[220] Dieser einzigartige mystische Text, der erst gegen Ende des 20. Jahrhunderts von Kurt Ruh entdeckt und übersetzt wurde, lebt von dem Paradox, dass er gleichzeitig das intensive sinnliche Wahrnehmen *und* die Gottunmittelbarkeit betont.

Indem das Fasten die Sinne öffnet und die Freude an elementarem sinnlichem Erleben weckt, fördert es nicht zuletzt auch das, was heute als ökologisches Bewusstsein bezeichnet wird. Es lässt uns am eigenen Leibe unsere Abhängigkeit von fragilen Nahrungsketten erleben, unsere Eingebundenheit in einen lebendigen Kosmos, der durch menschliche Lebens- und Ernährungsgewohnheiten bedroht ist. Als spirituelle Praxis, die in überschaubaren Gemeinschaften entdeckt und eingeübt wird, erweitert das Fasten das Spektrum menschlicher Lebensmöglichkeiten und zerstreut die Illusion, dass Konsumverzicht unumgänglich zu einer Verminderung an Lust und Lebensintensität führt. Das Gegenteil ist wahr. Fasten ist eine *minimal art*: eine Kunst, das Leben durch Vereinfachung, Reduktion und Konzentration zu intensivieren und zu vertiefen.

---

[220] Scala divini amoris. Stufen zur Gottesliebe, übers. v. K. Ruh, Freiburg i. Br. 2013 (2. Aufl. 2016); Neuauflage: Simon Peng-Keller (Hrsg.), Sinnliches Erleben als Weg zur Gottesliebe. Scala divini amoris. Würzburg 2021.

13. Die fastende Gemeinde

13.1 »WENIGER IST MEHR« – MEHR ODER WENIGER!

Die von Simon Peng-Keller beschriebene »minimal art«, die wir üben, bildet ein Kontrastprogramm zur Maxime der Konsumgesellschaft, in der wir leben. Die christliche Lebensform, zu der die Fastenübung gehört, ist wie ein Gegenentwurf zur Lebensform des *Konsumismus*, die uns hörig macht.[221] Also hier ein Leben aus der Fülle des Glaubens und da ein Leben aus der Überfülle des Konsums. Daraus entsteht eine Spannung, deren Pole man mit hier »Kirche« und da »Welt« verhandeln könnte – und sich damit eine ganze Reihe von Missverständnissen einhandeln würde. Weil ich das Fasten als kirchliche Praktik verstehe, möchte ich ein Missverständnis am Ende dieses Buches über das Fasten noch einmal aufgreifen, nämlich die irrige Idee, man verliere, wenn man faste, seine Autonomie und unterwerfe sich (wieder) einem kirchlichen Zwang.

Ist es nicht gerade umgekehrt? Die vermeintliche Selbstbestimmung des Konsumenten, der meint, er könne seinen Genuss optimieren, ist eigentlich ein Konstrukt aus Zwän-

---

221 Kenneth J. Gergen, Das übersättigte Selbst. Identitätsprobleme im heutigen Leben, Heidelberg 1996; Zygmunt Bauman, Leben als Konsum, Hamburg 2009; Carl Auer/Burkhard Bierhoff, Konsumismus. Kritik einer Lebensform. Freiburg im Breisgau 2013.

13. Die fastende Gemeinde

gen. »Es sind«, wie Jean Baudrillard in seiner Analyse des Konsums vermerkt, »eben die Zwänge der ›Freiheit‹, des kontrollierten Aufstiegs zum Glück, der totalitären Ethik des Überflusses«[222].

Die Wahrheit des Konsums liege darin, so Jean Baudrillard, dass er nicht eine Funktion des Genusses, sondern eine Funktion der kollektiven Produktion sei. Sich zu erproben, sich nicht festzulegen, dabei am Güterwohlstand zu partizipieren, zu reisen und zu genießen, sind Maximen der konsumistischen Lebensform. Kann man dieser Verführung entrinnen?

Es gibt die konsumkritischen, naturverbundenen und ökologisch orientierten Menschen, die anderes im Sinn haben. Sie streben einen gesunden und nachhaltigen Lebensstil an. Dem Konsum entrinnen sie nicht. Diese Gruppe, die mit dem Akronym LOHAS (Lifestyles of Health and Sustainability) bezeichnet wird, wird von der Lebensstilindustrie als Kundensegment und Zielgruppe für das Marketing geschätzt. Ihnen ist wichtig, was auf den Tisch kommt.[223] Sie repräsentieren ein Milieu, das sich bei den relativ gut Verdienenden findet. Man muss sich BIO-Produkte leisten können.

Die Tugend der Mäßigung lehrt, das Einfache zu schätzen. Wer nicht alles haben muss, genießt dafür besseres Essen. Diese Lebensstilgruppe wurde von Burkhard Bierhoff deshalb als LOVOS (Lifestyle of Voluntary Simplicity) identifiziert. Die »freiwillige Einfachheit« verbindet »Lebensfülle« mit

---

222 Jean Baudrillard, Die Konsumgesellschaft. Ihre Mythen, ihre Strukturen, Wiesbaden, 2015, 114.
223 Angelika Ploeger/Gunther Hirschfelder/Gesa Schönberger (Hrsg.), Die Zukunft auf dem Tisch. Analysen, Trends und Perspektiven der Ernährung von morgen, Wiesbaden 2011.

13. Die fastende Gemeinde

einer Strategie der Entsagung, die eigentlich kein Verzicht sein will.[224] Vertreter dieser Lebensstilgruppe »versuchen, aus dem System der materiellen Bedürfnisbefriedigung herauszutreten. Sie sind eigentlich ein gesellschaftlicher Anachronismus, schon überholt bevor überhaupt aktuell geworden«[225].

Sind Menschen, die fasten LOVOS? Ist die Fastenpraxis, wie sie Simon Peng-Keller beschreibt, Ausdruck eines konsumkritischen *Lebensstils*? Ist der Stil ein integrales Element der christlichen *Lebensform* oder verhält es sich gerade andersrum? Gehört Fasten zum *Gemeindeleben*, weil es christlich geboten ist, ein einfaches Leben zu führen und den Verzicht zu üben? Oder ist Fasten eine von vielen möglichen Körpertechniken, die man in einer *Gruppe*, die sich dafür begeistern kann, durchführt?

Ob und wie die »minimal art« des Fastens die *Gemeinde* wiederbeleben kann, ist zuallererst eine Frage der Kommunikation. Der Schatten der Geschichte ist noch präsent, die Erinnerung noch wach, dass es in der Vergangenheit darum ging, beim Fasten nichts Falsches zu essen, keine Strafe zu riskieren, Gott und seine irdischen Stellvertreter nicht zu erzürnen. Insbesondere die Idee einer kollektiv geübten Praktik mutet »anachronistisch« an. Kann gemeinsames Fasten funktionieren? Spricht das nur die LOVOS an? Sicher eignet sich die *Gruppe als Sozialform* für eine Fastenübung – am besten

---

224 Vgl. Burkhard Bierhoff, Vom Homo consumens zum Homo integralis, in: Maik Hosang/Kurt Seifert (Hrsg.), Integration. Natur – Kultur – Mensch. Ansätze einer kritischen Human- und Sozialökologie, München 2006, 109–117, 113 ff.

225 Burkhard Bierhoff, Die Konsumgesellschaft und der postmoderne Konsument, HiBiFo, 3/2016, 3.

13. Die fastende Gemeinde

im Rahmen einer Retraite oder Exerzitien im Alltag.[226] Zu einem angemessenen Setting gehört auch, dass den Teilnehmenden *geistliche Begleitung* angeboten wird.[227] Vor allem das Vollfasten, das mit einer Intensivierung des emotionalen und sinnlichen Erlebens verbunden ist, kann ein Anlass für existenzielle Gespräche geben, in denen Unverdautes und Dunkles zur Sprache kommt.[228] Umso wichtiger ist es, die Übung ins rechte Licht zu rücken!

Das Brechen von Gewohnheiten und der temporäre Entzug von Fett, Zucker und Unterhaltung kann zur heilsamen Erfahrung werden. Das Fasten ist die Erlaubnis, den »Versuchungen« des Konsums zu entkommen und gleichzeitig in tiefere Schichten des seelischen Haushalts vorzudringen. Das eine mit dem anderen zu verknüpfen, erfordert Deutungsarbeit. Ich denke darum, dass der ethische Impuls der »Umkehr« erst dann glaubwürdig mit dem geistlichen Impuls der »Einkehr« verbunden werden kann, wenn auch fastenkritische Impulse Raum bekommen und eine Fastenwoche als ganzheitliche *Bildungschance* für die Kirche gesehen wird.[229]

Zur Bildung kommt das Ritual. Die fastende Gemeinde ist zur Einkehr aufgerufen, also dazu, für eine bestimmte Zeit in-

---

226 Grundlegendes dazu bei Silke Harms, Glauben üben, Göttingen 2011, 217–249.
227 Rosenberger, Fasten (s. Anm. 28), 242: »Unerfahrene müssen vor autodidaktischen Versuchen gewarnt werden.«
228 Nach der Verunsicherung des Körpergefühls stellen sich bei den meisten Fastenden im Fortschreiten des Prozesses eine besondere psychische Durchlässigkeit ein, der Prozess der Entschlackung wird als angenehm empfunden. Vgl. Hellmut Lützner, Wie neu geboren, München 2009, 61.
229 Kathleen M. Dugan, Fasting for Life. The Place of Fasting in the Christian Tradition, in: Journal of the American Academy of Religion 63 (1995) – zitiert in: Rosenberger, Fasten (s. Anm. 28), 238.

nezuhalten, mehr und inniger als sie es sonst tut, auch mit den Innereien! Es ist wie mit den Leckerbissen, die man sich vom Mund abspart, um etwas zu spenden und etwas zu feiern. Wer fastet, hat mehr Zeit für anderes. Dank der Verlangsamung *findet* die fastende Gemeinde Zeit, sich auf den Höhepunkt des Kirchenjahres vorzubereiten. Um diese besondere Zeiterfahrung zu machen, rufen sich die Fastenden die Bestimmung der Kirche ins Gedächtnis. Der *Leib Christi* ist involviert, wenn die einzelnen Körper fasten. Alexander Schmemann verweist auf den Zusammenhang:

> »Time itself is now measured by the rhythm of the end and the beginning, of the end transformed into beginning, of the beginning announcing the fulfillment. The Church is in time and its life in this world is fasting, that is, a life of effort, sacrifice, self-denial and dying. The Church's very mission is to become all things to all men. But how could the Church fulfill this mission, how could it be the salvation of the world, if it were not, first of all and above everything else, the divine gift of Joy, the fragrance of the Holy Spirit, the presence here in time of the feast of the Kingdom.«[230]

13.2 Richtig fasten

Es spricht sehr vieles dafür, das gemeinsame dem einsamen Fasten vorzuziehen und die Praktik nicht als eine individuelle LOHOS-Angelegenheit zu sehen. Es ist eine Gelegenheit der Kirche, das Evangelium via Praktik zu kommunizieren. Der gemeinsame Nahrungsverzicht ist »feste Speise« (Heb 5,12–14). Wie kann man in einem Kontext, in dem sich das christliche Erbe verflüssigt, das Plus des Fastens verständlich machen?

In einem Fernstudiengang für pflanzenbasierte Ernährung wird erklärt, dass Fasten heutzutage einen neuen Auf-

---

[230] Alexander Schmemann, For the Life of the World (s. Anm. 176), 59.

13. Die fastende Gemeinde

schwung erlebe, aber der religiöse Aspekt mehr und mehr an Bedeutung verliere. Gefastet werde »vielmehr aus einem gesundheitlichen Motiv heraus«[231]. Tatsächlich bestätigt, wie gezeigt (Kap. 3), die religionswissenschaftliche Fastenforschung die säkulare Drift in der Gegenwartskultur. Wer aber pauschal von einem Bedeutungsschwund des Religiösen spricht, macht es sich zu einfach und berücksichtigt die Dynamiken spätmoderner Spiritualität zu wenig. Ein wesentliches Merkmal dieser Dynamik sind die *Verschiebungen* in der religiösen Semantik und Symbolik, die durch den Wandel im Umfeld angeregt und verstärkt werden. Wir erkennen, »dass die Semantik der Erlösung für die religiöse Selbstbeschreibung der traditionellen Glaubensgemeinschaften immer weniger Prägekraft hat und zunehmend durch Semantiken der Lebensbegleitung und eines innerweltlichen Heil- und Ganzwerdens ersetzt wird«[232].

Der Boom des zeitgenössischen Fastens bestätigt die Beobachtungen der substanziellen Verdünnung und funktionalen Verschiebung der christlichen Religion. Das ist nicht weiter erstaunlich! Die Semantiken der Lebensbegleitung verweisen auf das Feld der *Lebenskunst*, auf dem mit *Wechselwirkungen* zwischen Spiritualität und Gesundheit zu rechnen ist. Doch wie Isolde Karle zu Recht festhält, sind Menschen auf diesem Feld immer noch *offen* für religiöse Fragen. Das gilt insbesondere für körperbezogene Praktiken, die von den Praktizierenden als »ganzheitlich« wahrgenommen werden und eine lange Geschichte in der asketischen Tradition haben.

---

[231] https://ecodemy.de/magazin/richtig-fasten/ (Zugriff: 28.02.2023).
[232] Günter Thomas/Markus Höfner, Ende oder Umbau einer Erlösungsreligion (s. Anm. 52).

13. Die fastende Gemeinde

Deshalb ist es auch nicht überraschend, dass sich Pilgern, Meditieren und Fasten, sowohl außerhalb als auch innerhalb der Kirche, großer Beliebtheit erfreuen – weil sich über den Körper Erfahrungen einstellen, die insbesondere die LOVOS als wertvolle *Unterbrechung* und *Horizonterweiterung* ihres Alltags empfinden. Man würde es sich allerdings wieder zu einfach machen, wenn man von dieser Sehnsucht nach intensivem Erleben *automatisch* das Vorhandensein eines religiösen Interesses ableiten wollte. Ein religiöses Interesse wird sich je nach Typ und individueller Präferenz mehr oder weniger explizit äußern.[233]

> »Manche nutzen die Fastenzeit, um ihren hohen Ansprüchen an die eigene Lebensführung für einen begrenzten Zeitraum gerecht zu werden, andere suchen in analogen oder digitalen Fastengruppen nach resonanten Formen der Gemeinschaft, wieder andere schätzen die intensive Selbsterfahrung, die das Fastenvorhaben ermöglicht – auf emotionaler sowie körperlicher Ebene.«[234]

Isolde Karle sieht hier eine *Chance*, die sich aus kirchlicher Perspektive eröffnet. Was die Praktiken bieten, soll in einer Spannung von Offenheit und Profilierung kommuniziert werden. Das bedingt, dass auch die Kirche ein Ohr für die Anliegen und Ansichten der zeitgenössischen Fastenden hat. Wenn spirituelle Menschen am Rand der Organisation offen für das Religiöse sind, ist eigentlich zu erwarten, dass sich die religiöse Organisation für deren Spiritualität interessiert.

---

233 So auch Wagner-Rau, Fasten (s. Anm. 19), 400 mit Blick auf die Aktion »Sieben Wochen ohne«, die »offenkundig auch einen Anknüpfungspunkt zu religiöser Praxis für viele [bietet], die zur Kirche nur losen Kontakt pflegen. Die Fastenaktion ist eine der erfolgreichsten und bekanntesten evangelischen Initiativen der letzten Jahrzehnte.« Vgl. dazu auch Patrick Heiser, Zur Popularität (s. Anm. 27), 56.

234 Isolde Karle, Welche Zukunft hat die Kirche? (s. Anm. 85), 100.

13. Die fastende Gemeinde

> »Insgesamt geht es darum zu erkennen, dass Kirche auch vielfach dort, wo man sie gar nicht als Kirche wahrnimmt, eine Impulsgeberin religiöser Praxis ist. Auch moderne Religiosität ist auf Sozialformen angewiesen und kann nicht aus sich heraus existieren. Es ist dabei Ausweis der Stärke und nicht der Schwäche des Christentums, bestimmte Fragen in der Schwebe belassen zu können und zugleich konkrete Deutungsangebote zu machen. Es geht darum, offen für die Vielfalt spätmoderner Spiritualität zu sein und zugleich so etwas wie den eigenen Kern zu behalten.«[235]

In der zugleich vage wie anspruchsvoll bestimmten Aufgabe, »so etwas wie den eigenen Kern zu behaupten«, steckt der Bildungsauftrag, die religiösen Motive des Fastens zu erläutern und die Verbindungen zum gesundheitlich oder ethisch motivierten Fasten zu diskutieren. Natürlich darf die Botschaft nicht sein, dass wir es sind, die *richtig* fasten. Den Kern behaupten, meint etwas anderes. Wer ein Gespür für die Klippen der Kommunikation des Evangeliums in kirchenfremden Milieus hat, weiß, dass es auch einmal heißt, die Klappe zu halten.

Bei Praktiken ist das Richtige nicht das einzig Wahre. Darum ist es bei der Behauptung des Eigenen wichtig, auf das Anliegen der Form zu verweisen. Die *Form* hat den Vorteil, den auch ein Pilgerweg bietet. Man erfährt in ihr die Dignität der generationenlangen Erfahrung. Denn es ist nicht ein »Lehrer«, der die Richtschnur für eine gesunde und die Korrektur für ein ungesunde Praxis vorschreibt, sondern die »Lehre«, die aus der Beschreibung der bewährten Praxis gezogen werden kann. Darum reden wir von *kirchlicher Praktik*, darum von *gemeinsam bewährter und erprobter* und nicht einsam bewahrter und probierter Praxis, darum in einem *Dialog*, der sensibel ist für mögliche Ängste vor der Kirche.

---

235 A. a. O., 102.

13. Die fastende Gemeinde

Die Lehren, die wir aus Formen ziehen, sind keine sakrosankten Dogmen, sondern Regeln, die zu einem guten Leben anleiten.

13.3 Almosen als Fastenopfer

Wenn Fasten als Form kommuniziert wird, gehört das Fastenopfer dazu. Es gehört zur Fastenzeit. Sowohl »Opfer« als auch »Almosen« haben jedoch einen schlechten Ruf. Von einem »Opfer« ist dann die Rede, wenn jemand mehr gibt, als ihr oder ihm guttut, die Almosen haben ihren Auftritt meistens in Begleitung eines »Nur«. Wer nur ein Almosen gibt, hat gegeizt. Und doch gehören die Gabe aus Barmherzigkeit zu den Grundpfeilern der christlichen Liebestätigkeit. Ich meine, die Zeit vor Ostern eignet sich hervorragend, um diesen inneren Zusammenhang der Form mit der Gemeinde zu erkunden.

Die Trias Fasten, Beten und Almosen findet sich auch in der Bergpredigt (Mt 6,1–18) – in Verbindung mit der Warnung Jesu, dass diese »Werke« im Verborgenen getan werden sollen. Wenn die Rechte nicht weiß, was die Linke tut, kommt es von Herzen und wenn ich das, was ich mir beim Fasten vom Mund abspare, den Bedürftigen spende, hat mein Fasten Hand und Fuß. Weil ich nicht nur für mich, sondern auch für den anderen faste. In der frühen Kirche ist das Fastenopfer ein wesentlicher Bestandteil der Kollekte.[236] Der Zusammenhang zwischen Fasten, Beten und Spenden kommt im folgenden Rat des Palladius schön zum Ausdruck:

---

[236] Vgl. dazu Gerhard Schmied, Schenken. Über eine Form sozialen Handelns, Wiesbaden 1996 und Art.: »Armenfürsorge«, in: RGG⁴ Bd. 1, 1998, 753–763.

13. Die fastende Gemeinde

>»An dem Tag, an dem Du fastest, begnüge Dich mit Brot, Wasser und Gemüse und sage Gott Dank. Berechne die Ausgabe für das Essen, dass Du am Fasttag einsparst, und gib den Preis einem armen Bruder aus der Fremde, einer Witwe oder einer Waise, damit der, der ihn empfängt und sich sättigt, für dich betet.«[237]

Wenn vom Zusammenhang der Form gesprochen wird, ist die formative Wirkung ins Innere mitgedacht. Das betrifft auch das Fastenopfer. Der Appell ans Mitleid hat sehr viel mehr mit unseren Eingeweiden zu tun, als uns bewusst ist. Den barmherzigen Samariter »eingeweidelte« es, als er das von Räubern zusammengeschlagene Opfer am Wegrand entdeckt. Seine Vorgänger schauten weg. Die typisch lukanische Pointe, dass die Berufsreligiösen sich nicht erweichen lassen und ausgerechnet einer, der halbkoscher ist, die Nächstenliebe lebt, macht das Menschliche stark. Es ist die intuitive Empfindsamkeit, die spontane Regung, die geweckt wird, die Rührung, die über mich kommt und über meinen Bauch ankommt, der Ort, an dem unsere stärksten Gefühlsregungen ihren Sitz haben.[238]

Wenn also beim Fasten die Aufmerksamkeit auf die inneren Organe gelenkt wird, hat das weniger mit dem berühmten Bauchnabel zu tun, auf den ich mich konzentriere, als vielmehr mit einer Enthärtung des Herzens, die sich durch die Routine des Alltags einstellen kann. Darum ist den Mönchen in der frühen Kirche der Zusammenhang mit dem Almosengeben und dem Beten so wichtig. Für Benedikt, den Vater des abendländischen Mönchtums, ist das Fasten eines der »Werkzeuge für die guten Werke«. Er sieht die Fastenzeit als

---

[237] Kirchenväterspruch: Les sentences III, 1741, zit. aus: Anselm Grün, Fasten (s. Anm. 103), 33.
[238] Henri Nouwen, Das geteilte Land, München 1983, 25.

eine Phase gesteigerter Wachsamkeit und Aufmerksamkeit. Es ist nicht die Enthaltsamkeit an und für sich, die den Menschen heiligt. In dasselbe Horn stößt der Hl. Gregor, der betont, dass die Enthaltsamkeit keinen eigenen Wert als Tugend hat.

> »Das ist der Grund, weshalb Joel sagt: ›Heiligt euer Fasten!‹ Das Fasten heiligen, heißt, es dadurch Gottes würdig zu machen, dass man andere Tugenden mit ihm verbindet. Man muss also die Fastenden aufmerksam machen, dass sie Gott nur dann eine wohlgefällige Enthaltsamkeit darbringen, wenn sie die Speisen, deren sie sich beraubt haben, den Armen schenken.«[239]

13.4 Fastenzeit

Die Aufforderung zum Fastenopfer kommt heute durch den Briefkasten und die Mailbox. In der traditionellen Fastenzeit, die von Aschermittwoch bis Ostersamstag dauert, häufen sich die Spendenaufrufe der kirchlichen und privaten Hilfswerke. Fastenzeit ist Bußzeit, in der man seine Solidarität mit den Ärmsten beweist. Nach der Adventszeit und dem Weihnachtsfestkreis ist die vorösterliche Fastenzeit und Ostern der Höhepunkt des Kirchenjahres. Es ist ein starkes Indiz dafür, dass die Form des Fastens immer noch als kirchliche Praktik präsent ist.[240]

Eigentlich dauert die Fastenzeit 46 Tage. Auf die symbolischen 40 Tage kommt man, wenn die sechs Sonntage abge-

---

[239] Régamey, Wiederentdeckung (s. Anm. 104), 104 f.
[240] Vgl. dazu Kristian Fechtner, Evangelische Spiritualität im Kirchenjahr, in: Peter Zimmerling, Handbuch der Spiritualität, Band 3: Praxis, Göttingen 2020, 357–373, 359: »Als religiöse Praxis ist der innerliche Glaube mit äußeren Formen verknüpft, das Kirchenjahr ist eine seiner geprägten Formen.«

13. DIE FASTENDE GEMEINDE

zählt werden. Diese Sonntage verleihen der Fastenzeit eine eigene Zäsur, Struktur und Rhythmik. Ihre Namen stehen für verschiedene thematische Akzentuierungen in Liturgie und Predigt und laden ein, die Fastenzeit als einen Weg der Vorbereitung auf Ostern hin zu gestalten. Auf diesem Weg folgt der Gläubige Christus nach.

Invocabit, der Name des ersten Fastensonntags, ist dem Eröffnungsvers von Psalm 91 entnommen und lenkt den Blick auf das Fasten Jesu und seine vierzigtägige Wüstenzeit. *Reminiscere* nimmt die Worte aus Psalm 25 »Denk an dein Erbarmen, Herr« auf. Die Evangelien berichten, in allen drei Lesejahren der katholischen Kirche, von der Verklärung Jesu und von der Ankündigung seines Leidens und seiner Auferstehung. *Oculi*, der dritte Fastensonntag, beginnt mit den Worten aus Ps 25,15 »Meine Augen schauen stets auf den Herrn«. Laetare nimmt den Ruf aus Jes 66,10 auf und ist eine Prolepse des Osterfests. Thema ist die Vorfreude auf das große Fest, auf das sich die Gläubigen in der Fastenzeit vorbereiten. *Judica* ist der Bußruf am Passionssonntag: »Richte mich, o Gott« (Ps 43,1). In der katholischen Tradition wird das Kreuz verhüllt. Es ist ein Fasten für die Augen, um den Blick für den Gekreuzigten neu zu schärfen. Der *Palmsonntag* ist der letzte Sonntag der österlichen Bußzeit und Eingang zur Heiligen Woche. Er beginnt mit dem Jubel beim Einzug Jesu in Jerusalem. Lesungen weisen auf das Leiden und Sterben Jesu hin.

Dass für die Namen der Sonntage vorwiegend Anfangsworte aus Psalmen verwendet werden, unterstreicht, wie wichtig die Kernpraktik des Gebets während der Fastenzeit ist.[241] In den Tagzeiten unter der Woche begleiten die *Buß*-

---

241 Zu den Kernpraktiken vgl. Gerhard Sauter, Zugänge zur Dogmatik. Elemente theologischer Urteilsbildung, Göttingen 1998, 128; vgl. dazu auch

13. Die fastende Gemeinde

psalmen den Weg der Gläubigen. Das liturgische Geländer hilft den Betenden, das innere Ziel nicht aus den Augen zu verlieren und dorthin zu »pilgern«, wo Leib und Seele aus der Quelle des Lebens erneuert werden. Die 40-tägige Fastenzeit leitet zu biblischen Erzählungen, die das Leitmotiv der Glaubensreifung mit der Praktik verknüpfen:

Nach dem Auszug aus Ägypten wanderte das Volk Israel 40 Jahre durch die Wüste (Ex 16,35). Gott sorgt dafür, dass der Magen nicht knurrte, doch das Volk murrte, weil es nur Manna gab. Dann blieb Moses 40 Tage auf dem Berg Sinai, bis er von Gott die Zehn Gebote erhielt (Ex 24,18) – und fastete! 40 Tage und 40 Nächte wanderte der Prophet Elia zum Gottesberg Horeb, wo Gott zu ihm sprach (1Kön 19,8) und 40 Tage Gnadenfrist blieb Ninive, um Buße zu tun – und die Leute samt ihrem Vieh fasteten. 40 Tage verbrachte Jesus betend in der Wüste, um sich auf seine Sendung vorzubereiten – und fastete.[242]

Die 40 als Symbol einer gespannten Zeit, kann für das *Gericht* stehen oder für eine Zeit der *Prüfung*, eine Gelegenheit der inneren *Klärung* oder *Vorbereitung* auf einen göttlichen Auftrag. Das verbindende und formgebende Motiv ist das *Warten* bis zur Wende.[243] Es ist nicht uninteressant, dass die-

---

Reinhard Hütter, Theologie als kirchliche Praktik. Zur Verhältnisbestimmung von Kirche, Lehre und Theologie, Göttingen 1997.

[242] 40 Tage und Nächte dauerte der Regen der Sintflut an (Gen 7,12) und genauso lang wartete Noah, nachdem die Berge wieder sichtbar waren, bis er ein Fenster seiner Arche öffnete und einen Raben fliegen ließ. Die Wartezeit auf das Gericht wandelt sich in eine Zeit der Heilserwartung.

[243] Der Weihnachtsfestkreis und der Osterfestkreis bestimmen den Rhythmus des Kirchenjahrs. Den beiden Christusfesten ist eine Zeit der Vorbereitung vorgelagert. Der Bußcharakter ist in der Adventszeit mehr oder weniger verschwunden. In der Fastenzeit ist das ethische Moment der Umkehr stärker spürbar.

ses biblische Muster gewissermaßen Karriere gemacht hat. Die *Quarantäne* ist die Verdeutschung der französischen *Quarantaine*. Der Ausdruck hat seinen Ursprung in der 40-tägigen Hafensperre für Schiffe mit seuchenverdächtigen Personen. Wie kommen die Franzosen, die ja nicht als besonders fromm gelten, auf die 40?

Es war wohl kaum der fastende Jesus. Näher liegt eine andere Erklärung. In der antiken Medizin galt die Regel, dass man bei einer Krankheit am 40. Tag die Gewissheit der Genesung hat. Der 41. Tag ist der Tag des Neuanfangs nach der Krise. Dann ist der Patient entweder tot oder dank seinen Ressourcen wieder in der Lage, aufzustehen. Im Spätmittelalter wurden Pestkranke 40 Tage in der Quarantäne gehalten. Eine wieder andere, etwas abenteuerlichere Idee, um die kalendarische Bedeutung der 40 zu erklären, geht noch weiter zurück in altorientalische Zeiten. Für die Menschen im Zweistromland spielten die Sterne für die Berechnung der Fruchtbarkeit eine wichtige Rolle. Die 40-Tage-Periode ist astronomisch verbunden mit den Plejaden, dem Siebengestirn, das immer mal wieder für 40 Tage nicht zu sehen ist.[244]

Möglicherweise hat die Popularität der *Fastnacht* dazu beigetragen, dass die 40-tägige *Fastenzeit* nicht vergessen ging.[245] Was auch immer die 40 Tage hat überleben lassen: Noch ist das kulturelle Gedächtnis des Geflechts von geistlicher Übung, Geschichte und Feier da. Aber es ist dünn geworden, so schwach, dass manche sagen, die Tradition, die für den inneren Zusammenhalt der Lebensform sorgt (Kap. 5), sei

---

244 Inspiriert von einer Sendung zum Thema: https://www.deutschlandfunk.de/sintflut-fastenzeit-und-quarantaene-die-40-als-100.html (Zugriff: 05.10.2023).

245 Vgl. Stuart George Hall/Joseph H Crehan, Art. Fasten/Fasttage III. Biblisch und kirchenhistorisch, in: TRE Bd. 33, 1983, 48–59.

endgültig weggebrochen. Ich möchte dagegenhalten und dafür plädieren, die Wiederentdeckung des Fastens als eine Gelegenheit zu sehen, die Wiederbelebung der Fastenzeit zu stärken.

13.5 Sieben Wochen ohne

Ein Zusammenhang, wenn auch nur ein sehr loser, besteht schon. Denn die Neubelebung des Fastens im evangelischen Deutschland hat auch mit der erstaunlichen Erfolgsgeschichte der Fastenaktion »Sieben Woche ohne« zu tun. [246]

Ein kleiner Kreis initiierte 1983 in Hamburg die erste Aktion.[247] Fasten wurde von den Initianten in der zeitgeistigen Mischung der neuen politischen Theologie einerseits sozialökologisch engagiert und andererseits weit verstanden. Das hat sich bis heute durchgehalten. Verzichtet wird 2023 beispielsweise auf Verzagtheit und 2008 hieß das Thema – in paradoxer Verkehrung zum Erziehungsziel des Fastens »Verschwendung! Sieben Wochen ohne Geiz!«. Das Kampagnenmanagement verlangt Abwechslung. Die Melodien, die für Lebensform werben, variieren, die Agenda von Gerechtigkeit, Frieden und Bewahrung der Schöpfung bildet den Basso Continuo der Aktion. Die Verzichtsübung will in einer durch Kalorien, Komfort und Konsum geprägten Gesellschaft Zei-

---

[246] Zur Entstehung und Entwicklung der Initiative siehe Karin Ullrich/Marianne Ohlmann, ... zum Millionenprojekt. Organisation, Entwicklung und Erfolg der Fastenaktion, in: Björn Uwe Rahlwes/Thomas Hammerschmidt (Red.), Das Fastenlesebuch. Weniger kann mehr sein. Vom Reichtum des Verzichts im Angesicht des Überflusses, Frankfurt ²2003, 255–263. Vgl. dazu auch Wagner-Rau, Fasten (s. Anm. 19), 399 f.; Knoll, Osterfrömmigkeit (s. Anm. 29), 18 f. und Fechtner, Kirchenjahr (s. Anm. 48), 366 f.

[247] https://7wochenohne.evangelisch.de/ (Zugriff: 23.03.23).

13. Die fastende Gemeinde

chen für einen bescheideneren *Lebensstil* setzen. So bleiben die gesundheitlichen und religiösen Inhalte im Fokus.

Seit 1992 wird die Aktion als professionelles Projekt unter dem Dach des Gemeinschaftswerks Evangelischer Publizistik in Frankfurt a. M. betrieben. Das kirchliche Profil ist klar erkennbar und gut geschriebene, gehaltvolle Texte präsentieren Hintergrundwissen auf ansprechende Weise.[248] Es ist zu vermuten, dass die thematische Dehnung der Praktik und die Betonung der politischen Dimension den Geschmack (und die Gesinnung) einer ökologisch und sozial sensibilisierten Zielgruppe trifft. Zu dieser gehören neben den Kirchentagschristen auch Menschen, die am Rand der Organisation stehen oder schon aus der Kirche ausgetreten sind. Das Fasten schlägt eine Brücke zwischen dem »Weihnachtschristentum« und dem »Osterchristentum«. Das Lancieren von Lebensstilthemen erhöht die Bereitschaft, sich in der Fastenzeit auf die Integration von Gesundheit, Religion und Ethik einzulassen.[249]

Es gibt ein Schweizer Pendant zur deutschen Fastenaktion. Initiantinnen waren das evangelische Hilfswerk und

---

[248] Vgl. Kathrin Althans, Warum fasten wir eigentlich? Einkehr, Umkehr, Besinnung. Eine Zeitlang auf Gewohntes zu verzichten ist mehr als eine alte Tradition, in: https://7wochenohne.evangelisch.de/warum-fasten-wir-eigentlich (Zugriff: 14.04.2023).

[249] Mit Fechtner, Evangelische Spiritualität im Kirchenjahr (Anm. 48), 361, der das Kirchenjahr als »einer der wesentlichen Resonanzräume christlicher Religionspraxis« versteht, ist festzuhalten: »Als Kirchenjahresfrömmigkeit lassen sich individuelle und gemeinschaftliche Praktiken verstehen, die durch den Kontext des Kirchenjahres bestimmt sind und in denen sich religiöse Empfindung von Wirklichkeit artikuliert. Als eine Facette spätmoderner Frömmigkeit ist die heutige Kirchenjahresfrömmigkeit in einem Feld zwischen exponierter Spiritualität und unauffälligem Christentum angesiedelt.«

13. Die fastende Gemeinde

die katholische Fastenaktion. Die beiden Werke führen seit 1969 gemeinsam und seit 1994 mit anderen Partnern zusammen zur Fastenzeit gemeinsam eine Kampagne durch. Der *Fastenkalender* hat eine profilierte entwicklungspolitische Agenda. In der Rubrik »Über uns« heißt es auf der Homepage: »Wir machen auf die globalen Zusammenhänge aufmerksam, weshalb Mitmenschen in Armut, Not und unwürdigen Verhältnissen leben. Gleichzeitig zeigen wir Möglichkeiten auf, politisch gerechtere Strukturen zu schaffen – auf internationaler, nationaler und individueller Ebene.«[250]

2023 hatte die Kampagne den Titel »Sehen und Handeln«. Der Slogan ist insofern bezeichnend, als die beiden Begriffe Signalworte einer befreiungstheologischen Hermeneutik sind.[251] In diesem Jahr zeigten die Plakate zwei Landschaften im tropischen Süden: Auf dem einen Bild sieht man eine trostlose Monokultur, auf dem anderen einen wuchernden Garten. Den Betrachtenden wird die Frage gestellt: »Für welche Welt wollen wir verantwortlich sein?«

Die Aktion appelliert an das Gewissen und Verantwortungsgefühl. In den Texten, die Hintergrundinformationen zur Kampagne bieten, tauchen die entscheidenden Stichworte und Schlagworte auf: Klimagerechtigkeit, Nahrungssicherheit, Nachhaltigkeit und Armutsbekämpfung. Wie wir unsere Essenskultur gestalten, wird als eine Möglichkeit des »nachhaltigen Handelns« begriffen. Man könnte auch sagen: Es wird nicht für eine *Verzichtsaktion* geworben, sondern für eine *Lebenshaltung* missioniert.

---

250 https://sehen-und-handeln.ch/ueber-uns/ (Zugriff: 05.10.2023).
251 A. a. O. »Unter dem Slogan ›Sehen und Handeln‹ schauen wir genau hin, wo Anstrengungen zur Verbesserung der Ernährungssicherheit für alle Menschen notwendig sind.«

13. Die fastende Gemeinde

>»Nachhaltig zu essen bedeutet, sich von überwiegend pflanzlichen Lebensmitteln zu ernähren. Eine solche Ernährung besteht aus ökologisch, regional, saisonal und fair produzierten Lebensmitteln, zum Beispiel Karotten, Kohl, Randen, Kartoffeln und Äpfel. Tierische Produkte (Fleisch, Fisch, Milchprodukte) belasten unser Klima deutlich stärker als Getreide, Früchte und Gemüse. Reduzieren Sie deshalb deren Verbrauch so weit als möglich. Unter dem Aspekt ›Nachhaltigkeit‹ vertretbar sind folgende Mengen tierische Proteine pro Person und Woche, wenn immer möglich in Bio-Qualität und aus der Schweiz: 1 bis 2 Portionen Fleisch; 1 bis 2 Portionen Fisch; 2 Eier; 1 Tasse Milch oder 1 bis 2 Scheiben Käse pro Tag.«[252]

Auch das Heilfasten wird konsequenterweise ethisch begründet.[253] Es wird als eine *Aktion* in der Rubrik »Was Sie tun können«, neben »Den Wandel im Alltag leben« und »Klimagesprächen« aufgeführt.

>»Verzicht macht offen für die Not von Anderen. In der 6 Wochen dauernden Fastenzeit vor Ostern, während der ökumenischen Kampagne, haben Sie in der ganzen Schweiz die Möglichkeit, sich einer Fastengruppe anzuschliessen und diese einmalige Erfahrung zu erleben. Menschen, die fasten, neigen dazu, sich gegenseitig zu unterstützen und toleranter miteinander umzugehen. Fasten ist zudem die Chance, etwas probehalber anders zu machen. [...] ›Gemeinsam Fasten‹ ist eine Aktion von HEKS und Fastenaktion. Nebst der körperlichen und der spirituellen Ebene lohnt sich ein Blick auf die soziale Ebene des Fastens. Mit einem freiwilligen Verzicht entlasten und durchbrechen wir unseren Alltag und solidarisieren uns mit unfreiwillig Hungernden. Diese Geste kann auch damit unterstrichen werden, dass das durch Fasten Gesparte für Projekte gespendet wird, zugunsten der Menschen, die nicht selbst entscheiden können, wie viel oder wie wenig auf ihrem Teller liegt.«[254]

---

252 https://sehen-und-handeln.ch/luzern-isst-nachhaltig/ (Zugriff: 05.10.2023).
253 https://sehen-und-handeln.ch/das-koennen-sie-tun/fasten/ (Zugriff: 05.10.2023).
254 Ebd.

14. Die Bedeutung des Fastens für das Leben der Kirche

14.1 Risiken

Das Echo auf kirchliche Fastenkampagnen ist beachtlich. Es überwiegt bei näherem Hinschauen das ethische Ansinnen. Mit Blick auf den Schatz, den das Fasten als integrale Praxis zu bieten hat, ist dennoch von einem *Potenzial der Wiederbelebung* zu reden, das noch mehr genutzt werden kann. Das *ethische* Anliegen des Verzichts, Lebenskunst und das *gesundheitliche* Interesse an einer einfachen und wirksamen Therapie stehen dabei keineswegs in einer Konkurrenz zum *geistlichen* Programm.[255] Die Herausforderung besteht vielmehr darin, die religiösen Motive des Fastens glaubwürdig mit den anderen Motiven zu vermitteln und *vice versa* die Verbindungen verständlich zu kommunizieren.

Dabei sind zwei Risiken zu bedenken: Das *ethische Programm* droht alles zu verschlingen und die Moral religiös aufzuladen. Wenn die Fastenden alles erfüllen müssen, was auf der Agenda der Weltveränderung steht, vergeht ihnen die Lust auf den Verzicht. Wer Süßes schlecken will, bekommt Saures, wer Fleisch essen okay findet, stößt auf bittern Widerstand. Die Fleischfrage hat (bei militanten Veganern) den Rang eines *Status Confessiones*. Gleichzeitig kann man an

---

255 Vgl. Anselm Grün, Heilendes Kirchenjahr. Das Kirchenjahr als Psychodrama, Münsterschwarzach 1985.

14. Die Bedeutung des Fastens für das Leben der Kirche

Aktionen wie »Sieben Wochen ohne« kritisieren, dass sie Alibiübungen und gelegentliche Spenden »nur« Almosen sind. Vielleicht kann die religiöse Tradition hier vermittelnd einwenden, dass die Beschränkung auf eine *bestimmte Zeit* den »Schwachen« und »Starken« erlaubt, miteinander zu fasten? Und weiter könnte die Konzentration der Kampagne auf ein *bestimmtes Thema* – abgesehen von kommunikationspragmatischen Überlegungen – auch der Weisheit der *Form* entspringen. Sie hilft, die Gefahr der moralischen Überdehnung der Praktik, aber auch ihrer existenziellen Ausdünnung zu bannen.[256] Sowohl die *Weitung* als auch die *Verengung* des Fastens helfen nicht, die Praxis wiederzubeleben. Deshalb braucht sie die Form, die relativiert, informiert und kontextualisiert.

Das zweite Risiko sehe ich in einer *Vermischung und Verwischung der Themen*, die aus einer gut gemeinten, aber schlecht durchgehaltenen »Ganzheitlichkeit« resultieren. Es ist fraglich, ob die intensive Gottesbegegnung, die dem religiös motivierten Vollfastenden ein Herzensanliegen ist, als Ferment der Mischung einfach so beigemengt werden kann.[257] Das ist kein Argument gegen den Willen zur Form und kein Votum dafür, vom Gusto der Individuen auszugehen. Es ist ein Plädoyer dafür, nicht mit Fantasien zu hantieren, die letztlich Illusionen sind.

---

[256] Vgl. Günter Bader, Art. Fasten/Fastentage IV. Ethisch, RGG⁴ Bd. 3, 2000, 44 f.

[257] Koll, Osterfrömmigkeit (s. Anm. 29), 19.

14.2 Klärungen

Es ist gut, sich darüber klar zu werden, ob von einem weiten oder kirchlich bestimmten Verständnis des Fastens die Rede ist. Bei einem weiten Verständnis wird das Fasten zur Metapher für jeglichen Verzicht. Was ist daran problematisch?

Wird das Fasten spezifischer verstanden, nämlich als die Praktik, die den *Nahrungsverzicht* übt, sollte das Fasten *nicht* auf das Verzichten festgelegt werden. Ich faste mit der Absicht und in der Aussicht, mich intensiver auf den Genuss Gottes einstellen zu können. Oder ich faste in der Hoffnung, wieder einen Geschmack für das Wesentliche im Leben zu gewinnen. In beiden Fällen handelt es sich streng genommen nicht um einen Verzicht, den ich für andere leiste. Dasselbe gilt für die Unterbrechung der *Ernährungsgewohnheit*. Auch sie ist ein Mittel und kein Zweck. Ebenso ist das Ansinnen, dass das Fasten in guter Form bleibt, ein Mittel und kein Zweck. Es soll also auch *nicht* auf eine erhaltenswerte Tradition festgelegt werden.

Die unreflektierte metaphorische Verwendung des Fastens für eine Verzichtshandlung kann also Verwirrung stiften. Wie sinnvoll ist es, zu einem »Verzicht auf Verzagtheit« aufzurufen? Um diesen Verzicht mit dem Speise-Fasten in Verbindung zu bringen, muss man ein paar geistige Purzelbäume schlagen.

Zur Klärung kann beitragen, dass man sich der Unschärfen im semantischen Feld von *Hunger* und *Durst* bewusst wird. Die Verschiebung von der körperlichen Bedeutung zur übertragenen Verwendung hat in den Seligpreisungen ein biblisches Vorbild. Hier wird die Mangelerfahrung des Hungerns und Dürstens zum Bild der Sehnsucht nach Gerechtigkeit (Mt 5,1 ff.). Entsprechend symbolisch ist das »Menü«, das *diesen* Hunger stillt. Hier hat die ethische Aufladung der Fastensemantik in der weisheitlichen und prophetischen Verkündigung zum »Bild« für Solidarität und lebenskluger Enthaltsamkeit seinen Ursprung. Es ist die Pointe der Fastenkritik. Es geht um Brot, das fehlt.

Also gibt es ein wahres Fasten und ein falsches Fasten. Das falsche Fasten hat die Almosen vergessen, das wahre Fasten ist der Habitus der christlichen Lebensform. Es ist also dieser größere integrale Rahmen, der die Übertragung sinnvoll macht. Die Unterscheidung wirft Licht auf die Lebenspraxis, auf den hin die Praktiken trainieren. Es geht nie nur ums Essen, aber auch nie nur ums Fasten, das zu einem Ensemble von Praktiken gehört. Es geht nie nur *um uns*, aber nie nur *gegen uns* und d. h. um den Verzicht auf Dinge, auf die wir einen Anspruch haben. Es geht nicht nur um Konsumgewohnheiten, die wir besser unterbrechen, um sie uns ganz abzugewöhnen, wenn wir psychisch, physisch und spirituell gesund bleiben wollen, sondern immer auch um die Rekalibrierung unserer Herzenshaltung. Wir richten uns aus auf den Gott und lassen uns in der Form durch den Geist transformieren, der als Christus gegenwärtig im Leben und am Leib erfahren wird.

So verstanden, als eine Ausdehnung in dieses Ganze der Lebensform hinein, macht die Ausweitung des Fastens als Verzichtshaltung Sinn.

14.3 Evangelische Schlussfolgerung

Ein *erzwungener Verzicht* ist bei Licht betrachtet kein Verzicht. Wer mir das Essen verbietet, lässt mich hungern, wer mir eine bestimmte Nahrung limitiert, lässt mich darben. Welche Umstände auch immer dafür sorgen oder welche

14. Die Bedeutung des Fastens für das Leben der Kirche

Autoritäten es auch immer verfügen, entscheidend ist, dass *ich* mich beim erzwungenen Verzicht nicht enthalte, sondern *mir* etwas entzogen wird. Ich kann dem, was mir verboten wird, nicht entsagen. Ich muss es mir selbst versagen *wollen*. Sonst hole ich mir, was mir entzogen wurde, sobald sich die Gelegenheit dazu bietet.

Möglicherweise ist es diesem Umstand geschuldet, dass das zweijährige Corona-Experiment 2020/2021 eines in aller Deutlichkeit gezeigt hat: Alle Prophezeiungen, dass die Pandemie das Konsumverhalten ändern und einen Wandel bewirken wird, haben sich als leere Versprechen erwiesen. Das Orakel des Philosophen Slavoj Žižek wirkt zwei Jahre nach Ablaufdatum grotesk: »Wir werden durch Corona unsere gesamte Einstellung gegenüber dem Leben anpassen – im Sinne unserer Existenz als Lebewesen inmitten anderer Lebensformen.«[258]

2023 verzeichnen Reisebüros Rekordeinnahmen, es wird weiter in rauen Mengen Fleisch konsumiert und um die Welt gejettet wie eh und je. Weil Corona keine Fastenübung, sondern eine verordnete Diät war.

Wir wissen: Wenn wir zu viel oder das Falsche essen, hat das gesundheitliche und ökologische Konsequenzen. Das spricht für eine bewusste *Abstinenz* und eine Änderung von Ernährungsgewohnheiten. Beim Fasten als aszetischer Übung können diätetische Überlegungen eine Rolle spielen. Bewusste Zurückhaltung soll unsere Selbstwahrnehmung schärfen und problematisches Verhalten bewusstmachen.

---

[258] Zitiert bei Matthias Horx, Die Welt nach Corona, in: https://www.zukunftsinstitut.de/artikel/10-zukunftsthesen-fuer-die-post-corona-welt/ (Zugriff: 04.04.2023).

14. Die Bedeutung des Fastens für das Leben der Kirche

Aber das Fasten hat auch den *Genuss* und die *Dankbarkeit* für das Essen auf dem Schirm – also darf die Kirche die Küche nicht madig machen. Dass unsere Geschmacksknospen eine Schwäche für Schokolade haben und sich der Gaumen auf einen köstlichen Tropfen Roten freut, ist keine Todsünde. Was wir uns verbieten, holen wir uns spätestens dann wieder, wenn wir es uns erlauben. Es braucht keine äußeren Zuchtmeister, um eine Kompensationsreaktion auszulösen. Das bringt auch der innere zustande.

Niklaus Brantschen sagt es so: Wer nicht fasten kann, weiß nicht zu festen und wer nie ein Fest feiert, lässt das Fasten besser sein. Denn zwischen dem Fasten und dem Festen oder in anderer Begrifflichkeit ausgedrückt, der aszetischen Kunst der Enthaltsamkeit und der ästhetischen Kunst des Feierns besteht eine (spirituelle) Verbindung. Wir müssen das Feiern wieder lernen. Fehlt uns die eucharistische Kultur, laufen aszetische und ästhetische Übung ins Leere. Insofern dient die Übung der Enthaltsamkeit auch dazu, neuen Appetit auf den *Genuss* zu machen und *dankbarer* für das zu werden, was wir für selbstverständlich erachten. Dass ich mir willentlich Nahrung vorenthalte, ist keine Selbstbestrafung, sondern soll zu einer Erfahrung leiten, die mir das Leben kostbarer und das heißt auch köstlicher und genussreicher macht. Denn das Genießen – und dazu gehört definitiv das Essen! – ist eine Gabe Gottes (Koh 5,18 ff.). Ist es verwegen zu sagen, dass wir das Fasten üben, um das Essen wieder zu genießen? Wenn uns »die Welt als Nahrung und Wohnstätte« lieb ist, steigert ein temporärer Verzicht die Lust, den Tag zu pflücken.[259]

---

[259] Klaas Huizing, Lebenslehre (s. Anm. 3), 197–204.

Fasten darauf festzulegen, würde die Praktik gewiss arg verkürzen, aber das Genießenkönnen vom Verzichtenwollen abzutrennen, wäre genauso kurzschlüssig. Wir verdanken gelegentlichen Verzichtsübungen die Wiederentdeckung des *wahren Genusses*. Essen in uns hineinzustopfen, ist lieblos und ungesund. Wenn das Fasten die *Unlust am ungesunden Verschlingen* weckt und mich danach die *Lust am gesunden Genießen* packt, bekommt das asketische Unternehmen einen gänzlich anderen Gout. Es wechselt vom Säuerlichen und Bitteren hin zu einem Geschmack, der sich erst nach einer Weile entfalten kann, einem Geschmack, den der geübte Gaumen zu schätzen weiß. Fasten wird durch Übung zur »feinen äußerlichen Zucht«[260], wie dies Martin Luther in einer glücklichen Wendung im Katechismus vermerkt. Vielleicht liegt der Reiz der Übung gerade darin, die evangelischen Geschmacksknospen zu entdecken, die uns dieses ganz andere Schmecken erlauben?

---

260 Martin Luther im Kleinen Katechismus zum Fasten vor dem Abendmahlsempfang, in: BSLK, Göttingen ⁹1982, 521.

Ralph Kunz
Pilgern
Glauben auf dem Weg

Forum Theologische Literaturzeitung (ThLZ.F) | 36

272 Seiten | 12 x 19 cm
Paperback
ISBN 978-3-374-05800-6
EUR 20,00 [D]

eISBN (PDF) 978-3-374-05801-3
EUR 15,99 [D]

Pilgern ist mehr als nur ein spiritueller Hype! Denn das Ziel des Pilgerwegs ist Gott. Der Zürcher Theologe Ralph Kunz beschreibt Pilgern als eine alte spirituelle Praktik, die in den letzten Jahren wieder neu entdeckt wurde.
Was eine wachsende Schar von Menschen bewegt und begeistert, wird in seiner biblischen, geschichtlichen und kulturellen Bedeutung für die Gegenwart entfaltet und als Leitmetapher für die christliche Lebensform gedeutet.

EVANGELISCHE VERLAGSANSTALT
Leipzig www.eva-leipzig.de

Tel +49 (0) 341/ 7 11 41 -44   shop@eva-leipzig.de

Jochen Arnold | Drea Fröchtling
Ralph Kunz | Dirk Schliephake
(Hrsg.)
Alle sind eingeladen
Abendmahl inklusiv denken
und feiern

*gemeinsam gottesdienst
gestalten (ggg) | 32*

344 Seiten | 12,5 x 20,5 cm
Hardcover
ISBN 978-3-374-06621-6
EUR 26,00 [D]

eISBN (PDF) 978-3-374-06732-9
EUR 19,99 [D]

Die Feier des Abendmahls ist neben der Wortverkündigung das Herzstück des Gottesdienstes. Christliche Gastfreundschaft findet hier ihren liturgischen Ausdruck. Sie knüpft an das an, was Jesus von Nazareth mit vielen Menschen seiner Zeit geteilt und gefeiert hat. Ihm getreu gilt auch heute das inklusive Motto: Alle sind eingeladen, Gemeinschaft zu erleben, Versöhnung zu erfahren, getröstet und gestärkt zu werden für ihren Weg.

Das Buch bietet biblische, systematische, ethische und praktische Einführungen in das Thema »Essen vor Gott« und beleuchtet dabei stets den Aspekt des Inklusiven und Universalen. Die 20 ausgeführten Abendmahlsliturgien folgen sechs theologischen Leitmotiven: *Freude an der Schöpfung, Gedächtnis im Leiden, Freiheit im Heiligen Geist, Heil und Heilung, Gemeinschaft und Teilen, Transformationen und Visionen.*

EVANGELISCHE VERLAGSANSTALT
Leipzig www.eva-leipzig.de

Tel +49 (0) 341/ 7 11 41 -44   shop@eva-leipzig.de

Ulrich H. J. Körtner
Wahres Leben
Christsein auf evangelisch

144 Seiten | 12 x 19 cm
Klappenbroschur
ISBN 978-3-374-06912-5
EUR 12,00 [D]

eISBN (PDF) 978-3-374-06913-2
EUR 9,99 [D]

Kann es wahres Leben geben? Ein Leben, das sich nicht nur gut und richtig anfühlt, sondern gut und richtig ist? Ein sinnerfülltes Leben mit Tiefgang statt bloßer Oberflächlichkeit? Ob Leben wahr oder unwahr, richtig oder falsch ist, hängt davon ab, was oder an wen man glaubt, was oder wen man liebt, was oder worauf man hofft. Das führt zu den weiteren Fragen dieses Buches: Woran genau glauben Christen? Worauf vertrauen sie in Leben und Sterben? Und: Was bedeutet es heute, im evangelischen Sinne Christ zu sein?

Der Wiener Theologe Ulrich Körtner ist weithin bekannt für seine Gabe, das Wesentliche klar auf den Punkt zu bringen. Er bezieht sich dabei vor allem auf das Apostolische Glaubensbekenntnis, das Doppelgebot der Liebe, die Zehn Gebote, das Hohelied der Liebe, das Vaterunser, Psalm 23 und Psalm 51,12–14 sowie die Seligpreisungen.

EVANGELISCHE VERLAGSANSTALT
Leipzig www.eva-leipzig.de

Tel +49 (0) 341/ 7 11 41 -44   shop@eva-leipzig.de